Qademay Usanova
Muxabbat Xudayarova

O'zbek, rus va qoraqalpoq tillarida

AF155410

Qademay Usanova
Muxabbat Xudayarova

O'zbek, rus va qoraqalpoq tillarida

ot so'z turkumining qiyosiy tadqiqi

GlobeEdit

Imprint
Any brand names and product names mentioned in this book are
subject to trademark, brand or patent protection and are trademarks
or registered trademarks of their respective holders. The use of brand
names, product names, common names, trade names, product
descriptions etc. even without a particular marking in this work is in no
way to be construed to mean that such names may be regarded as
unrestricted in respect of trademark and brand protection legislation
and could thus be used by anyone.

Cover image: www.ingimage.com

Publisher:
GlobeEdit
is a trademark of
Dodo Books Indian Ocean Ltd. and OmniScriptum S.R.L publishing group

120 High Road, East Finchley, London, N2 9ED, United Kingdom
Str. Armeneasca 28/1, office 1, Chisinau MD-2012, Republic of
Moldova, Europe
Printed at: see last page
ISBN: 978-620-6-17402-8

O‘ZBEK, RUS VA QORAQALPOQ TILLARIDA SO‘Z TARKIBI QIYOSI

O‘zbek, rus va qoraqalpoq tillarida so‘z shakllarining tabiati, avvalo, rus tilining flektiv til, o‘zbek va qoraqalpoq tilining agglyutinativ til ekani bilan belgilanadi.

O‘zbek, rus va qoraqalpoq tillaridagi so‘zlar ma’lum belgi xususiyatlari asosida grammatik bo‘limlarga ajratiladi. So’z turkumlari dastlab, mustaqil so‘zlar, yordamchi so‘zlar, modal so‘zlar, undovlar va taqlid so‘zlarga ajratiladi. Bulardan shakl o‘zgartirish xususiyati faqat mustaqil so‘zlarga xos. Shakl o‘zgartirish otlarga nisbatan turlanish, fe’llarga nisbatan tuslanish deb yuritiladi.

Rus so‘zlari bosh shaklidayoq ikki qismga: negizga va tugallanmaga bo‘linadi. Rus so‘zlarida tugallanmaning o‘rni nihoyatda katta, chunki tugallanma so‘zning qaysi turkum so‘zi ekanligini bildiradi va so‘zlarning o‘zaro grammatik munosabatini ifodalaydi. Umuman, rus tilida tugallanmalar rod, son, kelishik, zamon, shaxs va boshqa grammatik ma’nolarni bildirib keladi. So‘z negizidan ajratib olingan tugallanma o‘zicha aniq bir grammatik ma’noni ifodalamaydi. Tugallanmaning konkret grammatik ma’nosi va vazifasi gapda, kontekstda aniqlanadi. Rus tilida tugallanma so‘zning ajralmas qismidir. So‘z tugallanmasiz to‘la shakllana olmaydi[1].

O‘zbek tilida so‘zlarning bosh shaklida rus tilidagi so‘zlarda bo‘lgani kabi tugallanma yo‘q. Shu sababli bosh shaklda so‘zning negizi bilan so‘z teng keladi. So‘z negiziga qo‘shilib, grammatik ma’no ifodalovchi affikslar o‘zbek tilida shakl hamda ma’no jihtdan rus tilidagi

_____
[1] Azizov O. va boshqalar. O‘zbek va rus tillarining qiyosiy grammatikasi Toshkent,1965. – B. 18.

singari rang-barang bo'lmaydi. Masalan: uyda, qishloqda, maktabda, soat beshda, mart oyida kabi[2].

Rus tilida tugallanma birgina morfemadan iborat bo'ladi va ayni vaqtda bir necha grammatik ma'noni ifodalab kelishi mumkin. Masalan: *книга сестры* birikmasidagi *книга* so'zining –а tugallanmasi женский rodni, birlikni, bosh kelishikni, *сестры* so'zining –ы tugallanmasi женский rodni, birlikni, qaratqich kelishigini ko'rsatadi.

Qoraqalpoq tilidagi so'zni asos va qo'shimchaga ajratganda, ularning asosi yakka so'z sifatida hamma vaqtda qo'llana oladi[3]. Masalan: *ten 'iz, ten 'izge, ten 'i zden – dengiz, dengizga, dengizdan* kabi.

Yasama so'zlar o'zak hamda so'z yasovchi morfemalardan iborat bo'ladi. O'zbek, rus va qoraqalpoq tillarida so'z yasovchi morfemalarning so'z tarkibidagi o'rniga qarab ham bir-biridan ancha farq qiladi.

O'zbek tilida yasama so'z tarkibi asosan "negiz+so'z yasovchi affiks" shaklida bo'ladi. Masalan: *ish-chi, bog'-bon, bog'-dor-chi-lik* kabi. So'z yasovchi morfemalarning negiz oldidan qo'shilib kelishi o'zbek tiliga, umuman turkiy tillarga xos emas. Tojik tilidan o'zlashgan **be-, ba-, no-, ser-** kabi bir necha prefiksgina uchraydi. Bu morfemalar bilan sifat yasaladi. beg'am, badavlat, sermahsul, noma'lum kabi.

Rus tilidagi so'z yasovchi affikslar asos bilan bog'liq bo'lib, asos ularsiz alohida qo'llana olmaydi. Masalan: *принять, занять, отнять* so'zlaridagi -ня asosi o'zicha yakka so'z bo'lolmaydi. Rus tilida so'z yasovchi affikslar asosning oldidan ham, asosdan keyin ham, asos

---

[2] O'sha asar – B. 19.
[3] Bekbergenov A. Rus ha'm qaraqalpaq tillerinin' salıstırmalı grammatikası. No'kis. 1995. – B.5.

o'rtasida ham qo'llana oladi. 1. Asosdan oldin prefikslar qo'llanadi: *пере-вод, со-автор, у-ход* kabi. 2. Asosdan keyin suffikslar qo'shiladi: *зл-ость, тка-ч, учи-тель* kabi. 3. Qo'shma asoslarning orasida ularni biriktiruvchi **–о-, -е-, -и-** interfikslari qo'llaniladi: *рыболов, водопровод, пешеход* kabi[4].

Qoraqalpoq tilidagi so'z yasovchi affikslar asosdan oson ajratiladi. Asos so'z - so'z yasovchi affikslarsiz ham yak so'z bo'lib qo'llana oladi: *aqil-li, aqil-siz, aqil-lasiw* kabi. Qoraqalpoq tilida so'z yasovchi affiklar faqat asosdan keyin qo'shiladi: a'dep-li-lik, taza-la, o'n-im, kesh-ki kabi. Qoraqalpoq tilida interfiks va prefisklar yo'q. Ba'zida fors tilidan kirgan **biy-, na-** morfemalar ayrim asosning oldidan qo'shilib, ularga faqat bo'lishsizlik ma'nosini berish uchun xizmat qiladi: *biymezgil, nama'lim, biyjuwap* kabi.

O'zbek tilida so'z negiziga turli morfemalar qo'shilib, yangi so'z yasalganda, odatda, asos o'zgarmaydi. Masalan: *do'st-do'stlar, ish-ishchi, oy-oylik* kabi. Fe'llar tuslanganda yoki yangi so'z yasalganda o'zbek tilida unli tovushlarning tushishi, almashishi hodisasi ro'y beradi: *ong-angla, yosh-yasha, son – sana* kabi.

Rus tilida esa so'z tarkibiga so'z yasovchi yoki so'z o'zgartiruvchi morfema qo'shilgan so'z negizida tovush almashishi hodisasi ro'y beradi. Masalan:

1.   Undosh tovushlar almashadi: *ходить – хожу, ухо – уши, друг – друзья – дружеский, писать – пишу* kabi.

2.   Fe'llar tuslanganda yoki yangi so'z yasalganda unli tovushlar almashadi: *говорить – разговаривать рыть – рой, пыть – пей* kabi.

---

[4] O'sha asar – B. 6.

3. Ba'zi hollarda tugallanma o'zgarishi bilan o'zakda yangi tovush paydo bo'ladi: *любить – люблю – любишь, терпить – терплю – терпишь* kabi.

4. Ba'zi so'zlarning shakli o'zgartirilganda asosdagi unli tovushlar tushib qoladi: *сон - сна, уголок - уголки, день – дни* kabi.

Qoraqalpoq tilida asos morfema so'zning asosiy leksik ma'nosini bildiruvchi elementi bo'lib hisoblanadi. Masalan: ko'riw, ko'rgish, ko'rgizbe, ko'rsetpe kabi. Qoraqalpoq tilida asos har doim yakka holda bo'lib, leksik ma'noga ega bo'ladi. Shuning uchun so'zni asos va qo'shimchaga ajratish qiyin emas. Masalan: *basshi, basliq, basqariw, basla* so'zlarida **bas** so'zi asos bo'lib yakka holda qo'llana oladi.

Qoraqalpoq tilida so'z tarkibiga so'z yasovchi yoki so'z o'zgartiruvchi morfemalar qo'shilganda asos o'zgarmaydi. Faqat ba'zi hollarda, ya'ni oxiri **p, k, q** kabi undosh tovushlarga unli tovushlar bilan boshlanadigan morfema qo'shilganda ular **b, g, g'** tovushlariga almashadi. Masalan: *aq-ag'im, aq-ag'ariw, to'k – to'gin, kitap-kitabiy* kabi.

Shuni ham aytib o'tish joizki, har bir tilda morfemaning so'z tarkibida joylashishida belgilab qo'yilgan nizomlarga tayaniladi. Rus tilidagi so'zlarda dastlab, pristavka (agar bor bo'lsa), asos, undan keyin suffiks va qo'shimcha qo'shiladi: *без – пол – ез – ный* kabi. O'zbek tilida esa dastlab asos, undan keyin so'z yasovchi affiks, so'z o'zgartiruvchi affiks qo'shiladi: *o'qi-tuv-chi-lik* kabi. Qoraqalpoq tilida esa dastlab asos, undan keyin so'z yasovchi affiks, forma yasovchi affiks undan keyin so'z o'zgartiruvchi affiks qo'shib so'z yasaladi: *kitap-sha-larin'izdi* kabi. Bu o'z navbatida o'zbek va rus tillarini, rus va

4

qoraqalpoq tillarini qiyoslab o'rganishda ba'zi qiyinchiliklarni keltirib chiqarishi mumkin.

O'ZBEK, RUS VA QORAQALPOQ TILLARIDA SO'Z TURKUMLARI QIYOSI

Har bir tilda so'zlar ma'nosiga va grammatik xususiyatiga ko'ra bir necha guruhlarga ajratiladi, ya'ni turkumlarga bo'linadi. So'zlarni turkumlarga ajratish o'zbek va qoraqalpoq tillarida rus tiliga nisbatan qiyin, chunki o'zbek va qoraqalpoq tillarida morfologik ko'rsatkichlar rus tilidagi darajada ko'p emas[5]. Masalan o'zbek va qoraqalpoq tillaridagi *ish(jumıs), tog'(taw), tosh(tas), uy(u'y), nok(almurt),olma(alma)* kabi so'zlar *oq(aq), qizil(qızıl), qora(qara), katta(u'lken), kichik(kishkene)* kabi so'zlardan morfologik ko'rsatkichlari bilan ajralib turmaydi. Demak bunday so'zlarni turkumlarga ajratishda ularning morfologik ko'rsatkichlarinigina emas, balki asosan ularning ma'nolariga e'tibor berish lozim.

Rus tilida esa ot va sifat morfologik ko'rsatkichi bilan odatda yaqqol ajralib turadi: груша, большой, весёлый kabi.

O'zbek tilidagi so'zlarni dastlabki shakklaridanoq qaysi turkumga mansub ekanligini aniqlash, shuningdek, mustaqil holda qo'llash mumkin. Masalan, ot, oq, ol, oz, oh kabi bir xil konstruksiyadan iborat bo'lgan so'zlar ularning ma'nosiga qarab ot, sifat, fe'l, ravish, undov kabi ma'lum turkumga kiritiladi. Shuning uchun ayrim manbalarda rus tilidagi so'zlar lug'aviy-semantik xususiyatlari, morfologik belgilari va sintaktik vazifalariga ko'ra turkumlarga ajratilsa,

---

[5] Rahmatullaev Sh. O'zbek va rus tillarini qiyoslash. Toshkent, 1993. – B. 23.

o'zbekcha so'zlarni turkumlarga ajratishda, asosan, ularning semantik va sintaktik belgilari ko'zda tutiladi, degan fikrlarni uchratish mumkin. Biroq o'zbek tilida yasama so'zlarni tasniflashda ularning nafaqat semantik, balki morfologik belgilari ham muhimdir. Masalan, -chi, -kash, -dosh, -zor kabi qo'shimchalarni olgan so'zlarni ot turkumiga, -li, -siz qo'shimchali so'zlarni sifat turkumiga yoki tarkibida –la qo'shimchasi bor bo'lgan so'zlarni fe`l turkumiga kiritishda ana shu qo'shimchalarning mavjudligi ham e`tibordan chetda qolmaydi[6].

O'zbek tilida so'zlar quyidagi 11ta turkumga ajratilgan. Ular: ot, sifat, son, olmosh, fe'l, ravish, modal so'zlar, ko'makchi, bog'lovchi, yuklama, undovlar va taqlid so'zlar.

Rus tilidagi so'zlar yuqorida aytib o'tilgan, ya'ni so'zning morfologik belgisi va ma'nosiga qarab, 10 ta (ba'zi manbalarda 12ta +категория состояние, звукоподражательные слова) so'z turkumiga bo'linadi. Ular: имена сушествительные, имена прилагательные, имена числительные, местоимения, глаголы, наречие, предлоги, союзы, частицы, маждометия.

Qoraqalpoq tilida so'zlarni so'z turkumlariga ajratganda asosiy 3 kriteriyaga tayaniladi. Bular 1) so'zning asosiy grammatik ma'nosi, 2) uning morfologik belgilari (grammatik kategoriyalar va so'z o'zgarish tizimi), 3) asosiy sintaksislik xizmati. Shunday belgilariga qarab qoraqalpoq tilidagi so'zlar 12ta so'z turkumlariga ajratilgan. Ular: atlıq, kelbetlik, sanlıq, almasıq, feyil, ra'wish, tirkewish, da'neker, janapay, modal so'zler, tan'laq ha'm eliklewishler[7].

---

[6] file:///C:/Users/User/Downloads/toxliyeva-m.s.-ozbek-va-rus-tillaridagi-ot-soz-turkumiga-xos-grammatik-shakllarning-qiyosiy-tipologiyasi%20(2).pdf
[7] Bekbergenov A. Rus ha'm qaraqalpaq tillerinin' salıstırmalı grammatikası. No'kis. 1995. – B.32.

Endi 3ta tildagi so'z turkumlari orasidagi farqli tomonlarini ko'rib chiqamiz.

1. Qoraqalpoq va o'zbek tillarida "категория состояние" (belgili bir holni bildiruvchi o'zgarmaydigan so'zlar) yo'q va uning tizimiga xos emas.

2. Rus tilidagai predloglar so'zning oldida keladi, qoraqalpoq tilidagi tirkewishler so'zdan keyin qo'llaniladigan o'zbek tilida ko'makchi so'z bo'lib hisoblanadi.

Shuningdek , boshqa so'z turkumlari ham tashqaridan bir-biriga o'xshashdek ko'ringani bilan, uni o'rganish jarayonida bir-birdan ancha farq qilinishini anglab yetamiz. Masalan: har 3 tilda ham fe'llar egalik kategoriyasida turlanadi. Rus tilida ot, sifat, son va olmosh kelishik kategoriyasida turlanadi, o'zbek va qoraqalpoq tillarida esa faqat ot kelishik kategoriyasida turlanadi.

O'zbek tilida sifatda ham, ravishda ham shakl o'zgarishi yo'q, shu sababli sifat bilan ravishni farqlashda boshqa belgi-xususiyatlariga suyanib ish tutish lozim bo'ladi. Ba'zi manbalarda esa sifat va ravishni sintaktik mezon asosida ajratish taklif qilinadi. Bu yo'l ijobiy natijaga olib kelmaydi. Chunki, aynan bir so'z(masalan: *yaxshi* so'zi) sifatlovchi bo'lib kelsa, sifat deb, hol bo'lib kelsa, ravish deb atalishi, demak ikki turkumga mansub so'zlar deb qaralishi lozim bo'ladi. Tabiiyki, hech kim o'zbek tilida 2ta *yaxshi* so'zi bor ekan demaydi. Demak, *yaxshi* so'zi bitta, uni biz sifat so'z turkumiga mansub deb hisoblaymiz[8].

Rus tilida so'z turkumlari o'zbek va qoraqalpoq tillariga qaraganda yaqqol farqlanib turadi. Masalan, rus tilida sifat - o'zgaruvchi turkum,

---

[8] Rahmatullaev Sh. O'zbek va rus tillarini qiyoslash. Toshkent, 1993. – B. 23.

uning oʻziga xos tugallanmalar tizimi bor, ravish esa - oʻzgarmaydigan turkum, lekin baribir rus tilida ravishning ham oʻziga xos grammatik koʻrsatkichi bor. Natijada bu ikki turkum soʻzlari bir-biridan yaqqol farqlanib turadi.

Qoraqalpoq tilida sifat, son, ravish va baʼzi olmoshlar oʻz maʼnosida kelganda oʻzgarmaydi.

Rus tilida sifat va ravish oʻzining formasi va sintaktik tuzilishi boʻyicha bir biridan oson ajratiladi: интересная книга – sifat, интересно рассказывает – feʼl kabi. Sifat soʻzlar ot soʻzlarni aniqlaydi, ravishlar esa feʼlning harakatini aniqlaydi. Oʻzbek va qoraqalpoq tillarida sifatlar asosan otni, ravishlar esa feʼlni aniqlab kelsa, baʼzi hollarda sifat feʼlni (yaxshi oʻqiydi – jaqsı oqıydı), ravishlar esa otni (ruscha kitob – russha kitap, tez yordam – tez jaʻrdem) kabilarni aniqlab kelishi holatlari ham kuzatiladi[9]. Shuning uchun bu 2 soʻz turkumini ajratish baʼzi qiyinchiliklarni keltirib chiqaradi.

Xulosa oʻrnida shuni aytish joizki, har 3 tilda soʻz turkumlari barcha klassifikatsiya prinsiplari boʻyicha bir-biriga oʻxshash boʻlgani bilan, har bir tilde ular oʻziga xos boʻlgan grammatik oʻzgarishlarga, jumladan: grammatik kategoriyalar, soʻz oʻzgarish tizimiga ega hisoblanadi. Bu 3 tildagi asosiy farq esa, oʻzbek va qoraqalpoq tilidagi koʻmakchilar bilan rus tilidagi predloglar(old koʻmakchilar) orasida boʻlib, bularning birinchisi oʻzi bogʻlangan soʻzdan keyin, ikkinchisi esa oʻzi bogʻlangan soʻzdan oldin kelishi bilan farqlanadi. Asli chuqurroq mulohaza yuritsak, semantik, morfologik, sintaktik mezonlar orasida eng keng qamrovlisi sintaktik mezon hisoblanadi. Chunki bu mezonda leksik

---

[9] Bekbergenov A. Rus haʻm qaraqalpaq tillerininʻ salıstırmalı grammatikası. Noʻkis. 1995. – B.33.

8

ma'no emas, balki shu leksik ma'no asosida mavjud bo'ladigan turkumlik ma'nosi nazarda tutilyapti. Bu o'z navbatida o'zbek va rus tillarini, rus va qoraqalpoq tillarini qiyoslab o'rganishda ba'zi qiyinchiliklarni keltirib chiqarishi mumkin.

O'ZBEK, RUS VA QORAQALPOQ TILLARIDA OT SO'Z TURKUMI

So'zlarni turkumlashda bir necha mezonlar hisobga olinadi. Ot so'z turkumiga mansub so'zlar avvalo "pretmetlilik" ma'nosini bildirishi, leksik ma'no mundarijasida "predmet" semasi bor bo'lishi lozim (semantik-grammatik mezon) Bu yerda predmetlilik ma'nosi keng tushuniladi[10].

Ot so'zlar leksik - grammatik guruhlarga o'zbek, rus va qoraqalpoq tillarida deyarli bir xil ajratiladi: turdosh va atoqli otlar, konkret(aniq) va abstrakt(mavhum) otlar, yakka va jamlovchi otlar kabi.

O'zbek, rus va qoraqalpoq tillarida ot predmet ma'nosini bildiradi. Har 3 tilda ham otning ma'nosi turli-tuman bo'lib, u jonli predmetlarni (*it-собака-iyt, mushuk-кошка-pıshıq*) (*bola-ребёнок-bala, qush-птица-qus*), narsa, predmet va hodisalarni *(sut-молоко-su't), (yomg'ir-дождь-jawın), (daftar-тетрадь-da'pter, kitob-книга-kitap), (majlis-собрание-jıynalıs)* ataydi[11].

O'zbek tilida predmetning nomini (keng ma'noda) bildiruvchi mustaqil so'z turkumiga ot deyiladi. Ot so'z turkumiga oid so'zlar kim? nima? kimlar? nimalar? qayer? savollaridan biriga javob beradi.

[10] Rahmatullaev Sh. O'zbek va rus tillarini qiyoslash. Toshkent, 1993. – B. 25.
[11] Azizov O. va boshqalar. O'zbek va rus tillarining qiyosiy grammatikasi Toshkent,1965. – B. 23.

Masalan: oʻquvchi, san'atkor, folklorshunos – kim?, yer, olov, suv, dengiz – nima?, shahar, joy, oʻrin – qayer? kabi. Keng ma'noda predmet ma'nosini ifodalash otning leksik xususiyati hisoblanadi. Predmetlik ma'nosini esa tirik mavjudotlar, yer va osmonga oid narsa va hodisalarning nomlari, oʻsimliklar nomlari, voqea, hodisa, belgi, xususiyat va munosabatlarning nomlari, oʻrin va vaqt nomlari shuningdek, atab qoʻyilgan shaxs va predmet nomlarini ifoda etadi. Ot mana shu xususiyati jihatidan ikki tur: turdosh va atoqli otlarga boʻlinadi. Bunda turdosh otlar: kitob, vaqt, osmon, yer; atoqli otlar: Buxoro, Samarqand, Toshkent, Nargiza va boshqalar. Oʻzbek tilidagi otlarga son, egalik, kelishik kabi grammatik kategoriyalar xos.

Rus tilida otlarga rod, son, kelishik kabi grammatik kategoriyalar xos. Bundan tashqari, rus tilida otlar jonli va jonsiz predmetlarni anglatishiga koʻra ham guruhlanadi. Rus tilida rod kategoriyasi otlarning morfologik belgisi. Bu morfologik belgi, hattoki, bosh kelishikda ham koʻrinib turadi. Rus tilida otlarning son kategoriyasi ancha murakkab lesik-grammatik hodisadir. Rus tilida ham ko'pchilik otlar birlik va ko'plikda ishlatiladi: *стол-столы, телефон-телефоны, книга-книги, тетрадь-тетради.* Shu bilan birga rus tilida faqat birlikda yoki faqat ko'plikda ishlatiladigan otlar ham mavjud. Masalan: faqat birlikda *жемчуг, сметана, добро, веселье, зверьё, детвора,* faqat ko'plikda *брюки, грабли сливки, опилки, жмурки, выборы, сутки, сумерки.*

Qoraqalpoq tilidagi ot ham oʻzbek tilidagiga oʻxshab predmetning nomini keng ma'noda bildiruvchi mustaqil soʻz turkumiga ot deyiladi. Otlarning leksik ma'nosiga koʻra aniq otlar, shaxs va shaxs ma'nosidagi otlar, jonli va jonsiz narsalarni bildiruvchi otlar, shuningdek, his-tuyg'uni, hayolni bildiruvchi otlar kiradi. Qoraqalpoq tilidagi otlarga son, egalik va kelishik kabi grammatik kategoriyalar xos.

O'zbek va qoraqalpoq tilidagi otlarga egalik kategoiyasi xos, bunday grammatik kategoriya rus tilida yo'q. Aksincha rus tilidagi otlarga rod kategoriyasi xos, o'zbek va qoraqalpoq tilidagi otlarga bunday grammatik kategoriya xos emas. Quyida otlarning grammatik kategoriyalarini har 3 tilda ko'rib chiqamiz.

O'zbek tilida grammatik rod kategoriyasi yo'q. Otlarning turli jins vakillariga va narsalarga aytilishiga ko'ra *(ota-ona, yigit-qiz, yosh-qari sigir-ho'kiz)* zidlanishi leksik harakterga ega bo'lib, hechqanday rodlarga bo'linmaydi va bu so'zlarning grammatik o'zgarishiga hech qanday ta'sir ko'rsatmaydi.

Rus tilida rod kategoriyasi otlarning morfologik belgisi. Bu morfologik belgi, hattoki, bosh kelishikda ham ko'rinib turadi.

Qoraqalpoq tilida otlarda rod kategoriyasi yo'q.Otlarning turli jins vakillariga va narsalarga aytilishiga ko'ra *(ata-ana, jigit-qiz, batir-qorqaq, siyir-o'giz,)* zidlanishi leksik harakterga ega bo'lib, hechqanday rodlarga bo'linmaydi va bu so'zlarning grammatik o'zgarishiga hech qanday ta'sir ko'rsatmaydi.

O'zbek, rus va qoraqalpoq tillarida otlar birlik va ko'plik sonda keladi.

O'zbek tilida ko'plik **–lar** affiksini qo'shish bilan yasaladi. Masalan: kitob-kitoblar, bola-bolalar, barg-barglar, telefon-telefonlar.

O'zbek tilida **–lar** affiksi odatda predmetlarning ko'p va xilma-xilligini ta'kidlaganda ishlatiladi. Masalan: Ertalab ko'pchilik ishcilar ishga, o'quvchilar esa maktabga shoshilishardi. Bozordagi do'konlarga ko'p yangi va sifatli narsalar kelgan.

Rus tilida otlarning son kategoriyasi ancha murakkab lesik-grammatik hodisadir. Rus tilida ham ko'pchilik otlar birlik va ko'plikda ishlatiladi: *стол-столы, телефон-телефоны, книга-книги, тетрадь-тетради*. Shu bilan birga rus tilida faqat birlikda yoki faqat ko'plikda ishlatiladigan otlar ham mavjud. Masalan: faqat birlikda *жемчуг, сметана, добро, веселье, зверьё, детвора*, faqat ko'plikda *брюки, грабли сливки, опилки, жмурки, выборы, сутки, сумерки*.

Qoraqalpoq tilida ko'plik **–lar, -ler** qo'shimchasini qo'shish orqali yasaladi. Masalan: *(kitap-kitaplar, usta-ustalar, ku'n-ku'nler, gu'l-gu'ller)*. Qoraqalpoq tilida oxirgi bo'g'ini jarangli bo'lsa **–lar**, jarangsiz bo'lsa **–ler** qo'shimchasi qo'shiladi. Masalan: kitap-lar, etik-ler. O'zbek tilidagi egalik kategoriyasi bir predmetning ma'lum shaxsga yoki ikkinchi bir predmetga qarashli ekanligini yoxud munosabatini bildiradi. Bunday grammatik ma'no so'z negiziga maxsus egalik affiksini qo'shish bilan ifodalanadi:[12]

Shaxslar	Birlik	Ko'plik
I shaxs	-(i)m opam, yurtim	-(i)miz opamiz, yurtimiz
II shaxs	-(i)ng opang, yurting	-(i)ingiz opangiz, yurtingiz
III shaxs	-i, -si opasi, yurti	-i, -si(lari) opasi(lari), yurti(lari)

Rus tilida egalik ma'nosini ifodalaydigan maxsus affikslar yo'q. Egalik ma'nosi rus tilida egalik olmoshlari orqali ifodalanadi (o'zbek va qoraqalpoq tillarida egalik olmoshlari yo'q). Egalik olmoshlari boshqa

---

[12] Azizov O va boshqalar. O'zbek va rus tillarining qiyosiy grammatikasi. – Toshkent ,1965. - B.38.

so'zlar bilan birikib kelganda aniqlanmish so'z bilan rod, son, kelishikda moslashadi:

I shaxs: мой отец – otam, a'kem;   моя школа – maktabim, mektebim; мое письмо- xatim, xatım;

II shaxs: твой отец – otang, a'ken'; твоя школа – maktabing,mektebin'; твое письмо – xating, xatın';

III shaxs: его(ее) отец – otasi, a'kesi;   его(ее) школа – maktabi, mektebi;   его(ее) письмо – xati, xatı.

Qoraqalpoq tilida ham o'zbek tilidagidek, narsaning bir shaxsga yoki narsaga tegishli ekanligini bildiradigan kategoriya **egalik (tartim) kategoriyasi** deb ataladi. Egalik qilingan ot orqali narsaning qaysi shaxsga tegishli ekanligi ham uning qaysi sonda ekanligi bildiriladi[13].

Bet	Birlik san	Ko'plik san
I	-ım/-im mektebim	-mız/-miz mektebimiz
II	-ın'/-in' mektebin'	-ın'iz/-in'iz mektebin'iz
III	-ı/-i mektebi	-ı/si –mektebi

Xulosa qilib aytganda, ot har 3 tilda ham predmet ma'nosini bildiradi. o'zbek va qoraqalpoq tillaridagi otlarga egalik, son va kelishik kategoiyalar xos. Rus tilidagi otlarga ega rod, son, kelishik, jonli va jonsiz predmetlarni anglatuvchi kategoriyalar xos hisoblanadi. O'zbek va qoraqalpoq tillaridagi otlarda rod kategoriyasi yo'q. Bu tildagi otlarga egalik kategoriyasi xos. O'zbek va qoraqalpoq tillaridagi rod kategoriyasining yo'qligi tilni o'rganishdagi ma'lum bir murakkablikni yo'q qiladi. Lekin, noqulayliklarni ham keltirib chiqaradi.   Rus tildagi rod kategoriyasining qulayligi esa, bu tildagi aniqlikni keltirib chiqaradi.

---

[13] Da'wletov A va boshqalar. Ha'zirgi qaraqalpaq a'debiy tili. – No'kis, 2010. - B. 97.

Grammatika qiyin bo'lganligi bilan, tildagi rang-baranglikni o'zida mujassam etadi.

O'ZBEK, RUS VA QORAQALPOQ TILLARIDA JONLI VA JONSIZ PREDMETLARNI ANGLATUVCHI OTLAR QIYOSI

O'zbek va qoraqalpoq tilida rod kategoriyasi hamda jonlilik va jonsizlik kategoriyasi mavjud emas. Shuning uchun o'zbek tilida *kim?* *nima?* qoraqalpoq tilida *kim? ne?* so'roq olmoshlarining qo'llanishi ham rus tilidagidan ancha farq qiladi. Bunda *kim?* so'roq olmoshi kishilarga nisbatan qo'llaniladi. Boshqa hollarda esa *nima?* so'roq olmoshi qo'llaniladi.

Ot turkumidagi so'zlarning bunday guruhlarga ajratilishining boisi, kelishiklar bo'yicha turlanganda, jonli otlar bilan jonsiz otlar o'rtasida ma'lum grammatik tafovutlar yuzaga keladi. Masalan, jonli predmetlarning tushum kelishigidagi so'rog'i ularning qaratqich kelishigidagi so'rog'iga, jonsiz predmetlarning tushum kelishigidagi so'rog'i esa bosh kelishikdagi so'rog'iga muvofiq keladi[14].

O'zbek tilidagi otlarni esa jonli va jonsiz predmetlar guruhiga ajratish uchun hech qanday grammatik asos yo'q. Har ikki tilda ham oltita kelishik mavjud bo'lib, otlar ana shu kelishiklar bo'yicha turlanadi.

Rus tilidagi otlar bu jihatdan o'zbek va qoraqalpoq tilidagi otlardan farq qiladi. Rus tilida otlar jonli predmetlarni yoki jonsiz predmetlarni

---

[14] file:///C:/Users/User/Downloads/toxliyeva-m.s.-ozbek-va-rus-tillaridagi-ot-soz-turkumiga-xos-grammatik-shakllarning-qiyosiy-tipologiyasi.pdf

anglatishiga qarab ikki guruhga ajratiladi[15]. Rus tilida *кто?* so'roq olmoshi jonli predmetlarga nisbatan ishlatiladi. Masalan: Это кто? – Это мама, бабушка, сестра, брат, курица, муравей kabi. *Что?* so'roq olmoshi esa barcha jonsiz predmetlarga, voqea va hodisa nomlariga nisbatan ishlatiladi. Masalan: Это что? – Это город, деревня, тетрадь, ручка, язык, собрание, река, молния, вулкан, земля, камень, радость kabi.

Jonli va jonsiz predmetdagi otlarning bir-biridan farqi ularning tushum kelishigi formasida ko'rinadi, jonli predmetni anglatuvchi otlarning tushum kelishigi formasi qaratqich kelishigi formasi bilan bir xil bo'ladi, jonsiz predmetlarni anglatuvchi otlarning tushum kelishigi formasi esa bosh kelishik formasi bilan bir xil bo'ladi. Masalan: Принёс петуха, голубя; карандаш, камень. – Xo'roz(kaptar) qalam tosh olib keldi. – Qoraz(kepter) qa'lem, tas alip keldi.

Jonli predmetlarni yoki jonsiz predmetlarni anglatuvchi otlarning tushum kelishigi formasidagi farq turli hollarda turlicha bo'ladi[16]. Quyida ularning farqini misollar tariqasida rus, o'zbek va qoraqalpoq tillarida ko'rib chiqamiz.

1. Мужский rod otlarining farqi birlikda ham, ko'plikda ham ko'rinadi.

Masalan: видел студента – men talabani ko'rdim – men studentti ko'rdim. Видел студентов – U talabalarni ko'rdi – Ol studentlerdi ko'rdi. Видел стол – Men stolni ko'rdim – Men stoldı ko'rdim. Видел столы – Men stollarni ko'rdim – Men stollardı ko'rdim.

---

[15] Azizov O. va boshqalar. O'zbek va rus tillarining qiyosiy grammatikasi Toshkent,1965. – B. 23.
[16]O'sha asar – B. 23.

2. Женский rod otlarining farqi faqat ko'plikda ko'rinadi. Masalan:

Видел девушек – Men qizlarni ko'rdim – Men qızlardı ko'rdim. Видел берёзы – Men qayinlarni ko'rdim. – Men qa'yinlerdi ko'rdim. Видел вишни – Men gilosni ko'rdim – Men shiyeni ko'rdim. Birlikda esa bunday otlarning tushum kelishigi bir xil shaklda bo'ladi va –y yoki –ю tugallanmasini qabul qiladi va o'zbek va qoraqalpoq tillariga tarjima qilganda ularning ma'nosi o'zgarmaydi. Masalan: Видел девушку - Men qizni ko'rdim – Men qızdı ko'rdim. Видел берёзу – Men qayinni ko'rdim. – Men qa'yindi ko'rdim. Видел вишню – Men gilosni ko'rdim – Men shiyeni ko'rdim. Oxirida yumshatish belgisi bo'lgan женский rod otlari ham faqat ko'plikda farq qiladi. Birlikda esa ularning tushum kelishigi formasi bir xilda bo'ladi. Masalan: Кошка ловит мышей – Mushuk sichqonlarni ushlaydi – Pıshıq tıshqanlardi uslaydı. - Кошка ловит мышь – Mushuk sichqonni ushlaydi – Pıshıq tıshqandi uslaydı. Отец любить дочерей – Ota qizlarini yaxshi ko'radi – A'ke qızların jaqsı ko'redi. Отец любить дочь – Otasi qizini yaxshi ko'radi - A'kesi qızın jaqsı ko'redi.

Qoraqalpoq tilidagi otlar jonli va jonsiz bo'lib ajratilmaydi. Shuning uchun rus tilidagidek grammatik o'zgarishlarga uchramaydi. Jonli va jonsiz predmetdagi otlar qoraqalpoq tilida barcha kelishiklarda bir xil turlanadi.

Qoraqalpoq tilida **kim?** so'roq olmoshi faqat shaxsni bildiradigan otlarga nisbatan ishlatiladi. Bunday otlar egalik kategoriyasida turlanadi. Shuning uchun **betlik atliqlar** deb nomlanadi. Masalan: Men studentpen, sen studentsen', ol student. Qoraqalpoq tilidagi **ne?** so'roq olmoshi esa odamnan boshqa barcha jonli va jonsiz predmetlarga nisbatan ishlatiladi. Ular egalik kategoriyasida turlanmaydi, shuning uchun ham **betlik emes atliqlar** deb nomlanadi[17]. Masalan: jolbaris, siyir, arislan, qa'lem va boshqalar. Ba'zi joylarda bu otlar ham, jumladan, ko'chma ma'noda qo'llangan paytda turlanishi mumkin. Masalan: Atsan' ha'm qanatsan' sen adamlarg'a (I.Yusupov) – Ты скакун и крилья для людей. – Otsang va qanotsang sen odamlarga.

Xulosa o'rnida shuni aytib o'tish joizki, rus tilida bor bo'lgan jonlilik va jonsizlik kategoriyasi o'zbek va qoraqalpoq tillarida mavjud emas. O'zbek va qoraqalpoq tillarida jonli va jonsiz predmetlar guruhi bo'lib turlarga ajratilmaydi. Chunki bu tillarda jonli va jonsiz predmetlar guruhiga ajratish uchun hech qanday grammatik asos yo'q. Har ikki tilda ham oltita kelishik mavjud bo'lib, otlar ana shu kelishiklar bo'yicha turlanadi. Rus tilida кто? so'roq olmoshi jonli predmetlarga qo'yilsa, o'zbek va qoraqalpoq tillarida esa faqat shaxsni bildiradigan otlarga qo'yiladi. Rus tilida что? so'roq olmoshi jonsiz predmetlarga, voqea va hodisa nomlariga nisbatan ishlatilsa, o'zbek va qoraqalpoq tillarida shaxsni bildiruvchi otlardan tashqari barcha jonli va jonsiz predmetlarga nisbatan qo'llaniladi. Bu o'z navbatida o'zbek va rus tillarini, rus va qoraqalpoq tillarini qiyoslab o'rganishda ba'zi qiyinchiliklarni keltirib chiqarishi mumkin.

---

[17] Bekbergenov A. Rus ha'm qaraqalpaq tillerinin' salıstırmalı grammatikası. No'kis. 1995. – B.35.

O'ZBEK, RUS VA QORAQALPOQ TILLARIDA OTLARDA ROD KATEGORIYASI

O'zbek tilidagi otlarga egalik, kelishik, son kategoriyalari xos.

Rus tilida otlarga rod, son va kelishik kategoriyalari xos. Bundan tashqari otlar jonli va jonsiz predmetlarni ifodalovchi otlarga bo'linadi.

Qoraqalpoq tilida ham o'zbek tiliga o'xshab otlar egalik(betlik), kelishik(seplik) va son(sanliq) kategoriyalari xos.

O'zbek va qoraqalpoq tillaridagi otlar egalik kategoriyasiga xos, lekin egalik kategoriyasi rus tilida yo'q. Aksincha rus tilidagi otlarga rod kategoriyasi xos, bunday grammatik kategoriya o'zbek va qoraqalpoq tillarida yo'q.

O'zbek tilida grammatik rod kategoriyasi yo'q. Otlarning turli jins vakillariga va narsalarga aytilishiga ko'ra *(ota-ona, yigit-qiz, yosh-qari sigir-ho'kiz)* zidlanishi leksik harakterga ega bo'lib, hechqanday rodlarga bo'linmaydi va bu so'zlarning grammatik o'zgarishiga hech qanday ta'sir ko'rsatmaydi.

Rus tilida rod kategoriyasi otlarning morfologik belgisi. Bu morfologik belgi, hattoki, bosh kelishikda ham ko'rinib turadi. Ana shu bosh kelishikdagi morfologik belgiga qarab otlar 3 guruhga bo'linadi:

Bosh kelishikda **-a** yoki **-я** ga tugagan otlar женский rodga kiradi: *школа, ягода, книга, земля.*

Eslatma: плакса, засоня, неряха kabi so'zlar rodda umumiydir.

Bosh kelishikda undosh bilan tugagan otlar, **-й** bilan tugagan otlar мужской rodga kiradi: *человек, студент, дом, инструмент.*

Kasb nomlari har doim мужский rodda bo'ladi: *директор, инженер, врач, физик, химик.*

Bosh kelishikdagi **-о** yoki **-е(ё)** bilan tugagan otlar средный rodga kiradi: *слово, дело, озеро, государство, собрание.*

Oxiri **-мя** bilan tugagan 10ta ot ham средный rodga kiradi: *время, бремя, имя, темя, знамя, племя, стремя, вымя, пламя, семя.*

Qoraqalpoq tilida otlarda rod kategoriyasi yoʻq.Otlarning turli jins vakillariga va narsalarga aytilishiga koʻra *(ata-ana, jigit-qiz, batir-qorqaq, siyir-oʻgiz,)* zidlanishi leksik harakterga ega boʻlib, hechqanday rodlarga boʻlinmaydi va bu soʻzlarning grammatik oʻzgarishiga hech qanday taʻsir koʻrsatmaydi.

OʻZBEK, RUS VA QORAQALPOQ TILLARIDA OTLARDA SON KATEGORIYASI

Oʻzbek, rus va qoraqalpoq tillarida otlar birlik va koʻplik sonda keladi. Oʻzbek tilida koʻplik –**lar** affiksini qoʻshish bilan yasaladi. Masalan: kitob-kitoblar, bola-bolalar, barg-barglar, telefon-telefonlar.

Oʻzbek tilida –**lar** affiksi odatda predmetlarning koʻp va xilma-xilligini taʻkidlaganda ishlatiladi. Masalan: Ertalab koʻpchilik ishcilar ishga, oʻquvchilar esa maktabga shoshilishardi. Bozordagi doʻkonlarga koʻp yangi va sifatli narsalar kelgan.

Oʻzbek tilida –**lar** affiksi hurmat, kuchaytirish maqsadida ham ishlatiladi. Masalan: Oyimlar sayohatdan keldilar (hurmat maʻnosi). Boʻylaringdan, sochlaringdan oʻzim oʻrgilay(kuchaytirish).

Umuman oʻzbek tilida otlar birlikda ham, koʻplikda ham ishlatiladi. Mavhum tushunchani, ish-harakat va belgi sifatlarning nomlarini

19

bildiruvchi otlargina faqat birlikda ishlatiladi: *muhabbat, sevgi, tinchlik, quvonch, ko'ngil, vijdon.* Faqat ko'plikda ishlatiladigan otlar yo'q.

Rus tilida otlarning son kategoriyasi ancha murakkab lesik-grammatik hodisadir. Rus tilida ham ko'pchilik otlar birlik va ko'plikda ishlatiladi: *стол-столы, телефон-телефоны, книга-книги, тетрадь-тетради.* Shu bilan birga rus tilida faqat birlikda yoki faqat ko'plikda ishlatiladigan otlar ham mavjud. Masalan: faqat birlikda *жемчуг, сметана, добро, веселье, зверьё, детвора,* faqat ko'plikda *брюки, грабли сливки, опилки, жмурки, выборы, сутки, сумерки.*

Rus tilida otlarning bosh kelishik ko'plik formasi **–ы, -и, -а, -я, -е** tugallanmalaridan birini qo'shish orqali hosil qilinadi. Bunda **-ы** tugallanmasi negizi qattiq undosh bilan tugagan otlarga qo'shiladi: *журнал+ы, школ+ы,* **и** tugallanmasi negizi yumshoq undosh bilan tugagan so'zlarga: тетрад(ь)+и, *кон(ь)+и,* мужской va средний roddagi ba'zi otlarga negizi qattiq undosh bilan tugasa **–a** tugallanmasi, yumshoq undosh bilan tugasa **–я** tugallanmasi qo'shiladi: *лес-леса, мастер—мастера, мест-места, дело-дела, море-моря.*

Брат, друг, колос, стул, дерево, перо kabi bir necha so'zda ko'plikda **–ья** tugallanmasi ishlatiladi: *брат-братья, друг-друзья, колос-колосья, стул-стулья, дерево-деревья, перо-перья.*

Яблоко, ухо, плечо, колено kabi bir necha so'zga ko'plikda **–и** tugallanmasi ishlatiladi: *яблоко-яблоки, ухо-уши, плечо-плечи, колено-колени.*

Мужской roddagi ba'zi otlarning ko'pligi ma'noga qarab ikki xil bo'ladi:

лист(varaq,barg) – листы(baraqlar), листья(barglar), зуб(tish) – зубы(odam, hayvon tishlari), зубья(arraning tishi), хлеб(non) – хлебы(nonlar), хлебья(don, g'alla).

Qoraqalpoq tilida ko'plik –**lar, -ler** qo'shimchasini qo'shish orqali yasaladi. Masalan: *(kitap-kitaplar, usta-ustalar, ku'n-ku'nler, gu'l-gu'ller).*

Qoraqalpoq tilida oxirgi bo'g'ini jarangli bo'lsa –**lar**, jarangsiz bo'lsa –**ler** qo'shimchasi qo'shiladi. Masalan: kitap-lar, etik-ler.

Xulosa qilib aytganda, otlarda rod kategoriyasi rus tiliga xos. Lekin otlarda egalik kategoriyasi rus tilida yo'q. O'zbek va qoraqalpoq tillaridagi otlarda rod kategoriyasi yo'q. Bu tildagi otlarga egalik kategoriyasi xos. O'zbek va qoraqalpoq tillaridagi rod kategoriyasining yo'qligi tilni o'rganishdagi ma'lum bir murakkablikni yo'q qiladi. Lekin, noqulayliklarni ham keltirib chiqaradi. Rus tilidagi rod kategoriyasining qulayligi esa, bu tildagi aniqlikni keltirib chiqaradi. Grammatika qiyin bo'lganligi bilan, tildagi rang-baranglikni o'zida mujassam etadi. Masalan: o'zbek va qoraqalpoq tillaridagi otlarda u 3-shaxs birlikni bildiradi. Rus tilidagi он va она ham 3-shaxs birlikni ifodalaydi. Bu ifodalashlarni faqatgina jins vakillariga nisbatan ishlatilishi farq qiladi. Ya'ni o'zbek va qoraqalpoq tillaridagi 3-shaxs birlikni ifodalovchi **u** so'zi qaysi jins vakili bo'lishidan qat'iy nazar 3-shaxsda bo'lgan barchaga birdek ishlatiladi. Rus tilida esa qiz bolalarga **она**, o'g'il bolalarga **он** ishlatiladi.

O'zbek, rus va qoraqalpoq tillarida otlardagi son kategoriyasi har bir tilda bor. Rus tilidagi grammatik son kategoriyasi o'zbek va qoraqalpoq tilidagi bunday grammatik kategoriyaga nisbatan juda murakkab bo'lib, ham shaklda, ham ishlatilish doirasida ancha farq qiladi. Rus tilidagi son kategoriyasidagi murakkablik esa, rod kategoriyasi tufayli ancha murakkablashgan. O'zbek va qoraqalpoq tillaridagi son kategoriyasining osonligi, bu tilda rod kategoriyasining yo'qligi tufayli.

O'ZBEK, RUS VA QORAQALPOQ TILLARIDA OTLARNING TURLANISHI

Har 3 tilda ham otlarning turlanishi bir-biridan farq qiladi. O'zbek tilida barcha otlar bir xilda turlanadi. Chunki kelishik affikslari doim bir shaklda bo'ladi. Rus tilida esa otlar grammatik rodiga va birlik, bosh kelishik formasidagi tugallanmasiga qarab turlanishning 3 turiga bo'linadi. Qoraqalpoq tilida esa otlar turlanishida juwan va jin'ishke ekanligiga qarab farq qiladi. Shunga qarab kelishik affikslari ham 2 variantda *juwan* va *jin'ishke* affikslar bo'lib, *juwan* asosga *juwan* variantdagi affiks, *jin'ishke* asosga *jin'ishke* variantdagi affiks qo'shiladi.

O'zbek tilidagi otlarda kelishik affikslari **turlovchi affikslar** deb ham yuritiladi. Otlarning kelishiklar bilan o'zgarishi **turlanish** deb nomlanadi. Kelishik affiksi yo'q holat bosh kelishik hisoblanadi. Bunday kelishikdagi ot odatda, boshqa so'zni o'ziga tobelaydi: Saida, kitob, Buxoro kabi. Qaratqich, tushum, jo'nalish, o'rin-payt va chiqish kelishiklaridagi otlar gapda boshqa so'zlarga grammatik jihatdan tobe bo'ladi[18]. Bu kelishiklar *vositali kelishiklar* deyiladi: Pokiza aql insonni ayb va kamchiliklardan qutqaradi (U.Mahkamov). Bu gada aql so'zi

---

[18] Hamroyev M va boshqalar. Ona tili . – Toshkent , 2007 . - B. 88.

22

bosh kelishik bo'lib, affiksi bo'lmagan shaklda *qutqaradi* fe'liga nisbatan hokim holatda, *insonni* so'zi –**ni** tushum kelishigi shakli vositasida, *ayb (-dan), kamchiliklardan* so'zlar –**dan** chiqish kelishigi vositasida qutqaradi fe'liga tobe bo'lib kelgan. O'zbek tilida turlanishni jadval asosida ko'rib chiqamiz.

Kelishiklar:	Turlanishi (Birlik son)
Bosh	maktab, uy, daftar, non, Samarqand
Qaratqich	maktabning, uyning, daftarning, nonning, Samarqandning
Jo'nalish	maktabga, uyga, daftarga, nonga, Samarqandga
Tushum	maktabni, uyni, daftarni, nonni, Samarqandni
Chiqish	maktabdan, uydan, daftardan, nondan, Samarqanddan
O'rin-payt	maktabga, uyga, daftarga, nonga, Samarqandga

Rus tilida otlarning turlanishi 3 xil turga bo'linadi.

1 tur turlanishiga birlik, bosh kelishikda –**a** yoki –**я** bilan tugagan женский rod otlari kiradi: мама, девочка, няня, школа kabi.

2-tur turlanishiga negizi qattiq yoki yumshoq undosh bilan tugagan мужской rod otlari va –**o, -e** bilan tugagan средный rod otlari kiradi: город, студент, озеро, море, поле kabi.

3-tur turlanishiga negizi yumshoq undosh bilan tugagan jenskiy rod otlari kiradi: тетрадь, плошадь, степь, область kabi. Turlanishning qaysi turiga kirishiga qarab, otning jonli predmetni yoki jonsiz predmetni atashiga qarab turli tugallanma qo'shiladi[19]. Buni quyida jadval asosida ko'rib chiqamiz.

Otlarning birlik turlanish jadvali

Kelishiklar	1-turlanish		2-turlanish				3-turlanish
	Qattiq turlanish	Yumshoq turlanish	Qattiq turlanish		Yumshoq turlanish		Женский род
	Женский род	Женский род	Мужской род	Средный род	Муж ской род	Сред ный род	
И. п (В. k)	стран-а	земл-я	стол	мест-о	конь	пол-е	область
Р. п (Q. k)	стран-ы	земл-и	стол-а	мест-а	кон-я	пол-я	област-и
Д. п (J. k)	стран-е	земл-е	стол-у	мест-у	кон-ю	пол-ю	област-и
Т. п (T. k)	стран-у	земл-ю	стол	мест-о	кон-я	пол-е	область
Тв. п	стран-ой	земл-ёй	стол-ом	мест-ом	кон-ём	пол-ем	область-ю
Пр. п	о стран-е	о земл-е	о стол-е	щ мест-е	о кон-е	о пол-е	об области

[19] Azizov O va boshqalar. O'zbek va rus tillarining qiyosiy grammatikasi. – Toshkent ,1965. - B.26.

Otlarning ko'plik turlanish jadvali

Kelishiklar	Qattiq turlanish	Yumshoq turlanish
И.п (B.k)	школы, заводы, леса, места	земли, песни, моря, дожди
Р. п (Q.k)	школ, заводов, лесов, мест	земель, песен, мроей, дождей
Д. п (J.k)	школам, заводам, лесам, местам	землям, песням, морям, дождям
В. п (T.k)	школы, заводы, леса, места	земли, песни, моря, дожди
Тв. п	школами, заводами, лесами, местами	землями, песнями, морями, дождями,
Пр. п	(о) школах, заводах, лесах, местах	(о) землях, песнях, морях, дождях

Qoraqalpoq tilida kelishik affikslari asosning keyin tovushiga uyg'unlashib qo'shiladi. Turlanishda birlik va ko'plik orasida rus tilidagidek o'zgarish kuzatilmaydi. Qoraqalpoq tilida turlanmaydigan ot so'z yoq. Hamma ot so'zlar turlanadi[20]. Quyida jadval asosida ko'rib chiqamiz.

Seplikler	Juwan sepleniw	Jin'ishke sepleniw
Ataw (B.k)	qol, kitap, adam	ko'l, ertek, tiken

---

[20] Bekbergenov A. Rus ha'm qaraqalpaq tillerinin' salıstırmalı grammatikası. No'kis. 1995. – B.55.

Iyelik (Q.k)	qoldınʻ, kitaptınʻ, adamnın	koʻldinʻ, ertektinʻ, tikenninʻ.
Baris (J.k)	qolgʻa, kitapqa, adamgʻa	koʻlge, ertekke, tikenge
Tabis (T.k)	qoldı, kitaptı, adamdı	koʻldi, ertekti, tikendi
Shig'is (Ch.k)	qoldan, kitaptan, adamnan	koʻlden, ertekten, tikennen
Orin (Oʻ.k)	qolda, kitapta, adamda.	koʻlde, ertekte, tikende

Bunday turlanish qoraqalpoq tilida **jay sepleniw** deb nomlanadi. Biz hozir jadvalda *juwan* va *jinʻishke* turlanishni faqat birlik sonda koʻrib chiqdik. Koʻplik sonda turlansa ham uncha katta oʻzgarish kuzatilmaydi. Koʻplik sonda *juwan* turlanishdagi soʻzlarga –**lar** koʻplik qoʻshimchasi, jinʻishke turlanishdagi soʻzlarga esa –**ler** koʻplik qoʻshimchasi qoʻshilib aytiladi va shunday yoziladi.

Xulosa oʻrnida shuni aytish joizki, har 3 tilda turlanish mavjud boʻlib, ular bir-biridan juda katta farq bilan ajralib turadi. Jumladan, oʻzbek tilida otlar 6ta kelishikda birlik va koʼplik sonda turlanadi. Rus tilida otlar 3 xil turda turlanadi. Ular har bir rodning qattiq va yumshoq turlanishiga, birlik va koʻplik sonda boʻlishiga, bosh kelishikning tugallanmasiga koʻra farqlanadi. Qoraqalpoq tilida turlanishning asosiy 2 turi mavjud. Bular juwan va jinʻishke turlanish deb yuritiladi. Juwan va jinʻishke atamalari fonetikaning unli tovushlar tizimida boʻlingan. Juwan unli tovushlariga: **a, o, u , ı** tovushlari, jinʻishke unli tovushlarga ega esa, **aʻ, oʻ, uʻ, i, e** tovushlari kiradi. Shunga koʻra otlardagi turlanishlar ham otlarning qanday unli tovushda kelishiga qarab

26

bo'lingan. Ko'plik sonda turlanishida o'zbek tilida farq sezilmaydi, rus tilida esa ancha farq bor, qoraqalpoq tilida ham juwan va jin'ishke unli tovushlarni ajrata olgan odamga farq sezilmaydi. Bularning hammasi o'z navbatida tillarning rang barangligini, aniqligini ko'rsatib turadi.

O'ZBEK, RUS VA QORAQALPOQ TILLARIDA OTLARNING KELISHIK KATEGORIYALARI. BOSH VA QARATQICH KELISHIKLARI QIYOSI

Ot (yoki otlashgan so'zning) boshqa so'zlarga bo'lgan sintaktik munosabatini ko'rsatuvchi ma'nolar va bu ma'nolarni ifodalovchi shakllar tizimiga kelishik kategoriyasi deyiladi. Kelishik kategoriyasi oltitda grammatik ma'no va uni ifoda etuvchi shakllarni o'z ichiga oladi. Bularga bosh, qaratqich, tushum, jo'nalish, o'rin-payt va chiqish kelishiklarining grammatik ma'nolari hamda bu grammatik ma'noni ifodalovchi –ning, -ni, -ga(-ka, -qa), -da, -dan kelishik shakllari kiradi. Har bir kelishik o'z nomi, ifoda shakliga ega, ma'lum so'roqlarga javob beradi. [21]

Har 3 tilda so'zlarning birlik, bosh kelishik shakli dastlabki shakl bo'lib, otlar lug'atga shu shaklda kiritiladi.

Bosh kelishikdagi so'z har 3 tilda ham ega vazifasini bajarib keladi: **Professor** leksiya o'qiyapti. – **Профессор** читает лекцию. – **Professor** lekciya oqıp atır. **Mashina** to'xtadi. – **Машина** оствнвыилось. – **Mashina** toqtadı.

Bosh kelishikdagi ot kesim bo'lib ham keladi: Pushkin – ulug' rus shoiri. – Пушкин – великий русский поет. – Pushkin ulli rus shayırı.

---

[21] Hamroyev M va boshqalar. Ona tili . – Toshkent , 2007 . - B. 87-88.

Qoraqalpoq tilida bosh kelishikdagi otlar oʻzbek va rus tillaridan farqli tomoni otlar gapda ega va kesimdan tashqari bir qancha quyidagi sintaktik birliklarda qoʻllaniladi:

1. Ikkita kesimning biri boʻlib keladi: Masalan: Oʻmirdegi enʻ uʻlken baxit jaqsi jasaw emes, jaqsi dos tabiw, xaliqtin xaliqqa *dos boliwi.*(T.Q.).

2. Atash maʼnosida keladi: *Iyul ayı. Tuʼn.* Daʻryaninʼ jagʻası sıgʻasqan keme.(K.S.)

3. Qaratqich aʼzo boʻlib keladi: Shıgʻar kunnen uʻmitlenip jasa, *Sere* (T.Q.).[22]

Oʻzbek tilida qaratqich kelishigi *–ning* affiksini oladi. Bu kelishikdagi ot quyidagi maʼnolarni ifodalaydi:

Qaratqich kelishigi biror predmetning shu kelishikdagi otdan anglashilgan predmetga yoki shaxsga qarashli ekanligini ifodalaydi. Qaratqich kelishigida kelgan ot *kimning? nimaning? qayerning?* kabi soʻroqlardan biriga javob beradi.

-ning affiksi bilan shakllanadi. Masalan: Bilim va donishmandlik insonning bezagidir (A.Navoiy).

Baʼzan sheʼriyatda qaratqich kelishigi egalik affiksidan soʻng -n shaklida ham qoʻllanadi: Har bolam ufurgan <u>nafasin</u> atri. Sheʼrimning eng yetuk, eng yaxshi satri (Gʻ.Gʻulom).

Qaratqich kelishigidagi ot egalik affiksini olgan ot bilan grammatik jihatdan bogʻlanib, gapda aniqlovchining turi qaratuvchi vazifasida keladi. Qaratqich kelishigidagi soʻz qaratuvchi, unga bogʻlanib kelgan

---

[22] Daʻwletov A va boshqalar. Haʼzirgi qaraqalpaq aʻdebiy tili. – Noʼkis, 2010. - B. 102-103.

egalik affiksini olgan ot esa qaralmish sanaladi. Masalan: Guruchning kurmagi bor.

Qaratqich kelishigi ikki xil - belgili yoki belgisiz shaklda qo'llanadi.

Qaratqich kelishigi -ning (-n) affiksi bilan qo'llansa, belgili sanaladi. Belgili qaratqich kelishigidagi ot aniq qarashlilik ma'nosini ifodalaydi: daraxtning ildizi, onaning baxti kabi. Qaratqich kelishigi -ning affiksi bilan qo'llanmasa, belgisiz sanaladi: umid uchquni, bahor fasli kabi. Belgisiz qaratqich kelishigidagi ot o'zi bog'lanib kelgan ot anglatgan predmetning qaratqich kelishigidagi ot anglatgan predmetga aloqador hodisa ekanligini ifodalaydi.

Belgisiz qaratqich kelishigidagi ot o'zi bog'langan ot bilan ma'no va grammatik jihatdan juda zich bog'langan bo'lib, ular orasiga boshqa so'z kiritish mumkin emas.

Qaratqich kelishigi quyidagi hollarda belgili qo'llanadi:

1.Qaratqich kelishigidagi ot shaxs otlari bo'lganda: *Zulfiyaning xati, talabaning bahosi* kabi.

2 .Butunning qismini anglatgan otlar: *uzukning ko'zi, stolning oyog'i* kabi.

3.Qaratqich kelishigidagi so'z o'zi bog'langan otdan anglashilgan predmet bilan o'zaro genetik aloqada bo'lsa: *buvining nevarasi, sherning bolasi* kabi.

4.Qaratqich kelishigidagi so'z manba ma'nosini ifodalaganda: *olimning ma'ruzasi, talabaning fikri* kabi.

5.Qaratqich kelishigidagi so'z bilan qaralmish o'rtasida boshqa so'zlar kelganda: *shaharning baland imoratlari, yozning issiq shamoli* kabi.

6 . Qaratqich kelishigida ot oʻzining maxsus aniqlovchisiga ega boʻlganda: *alo'chi o 'quvchining xulqi* kabi.

7. Qaratqich kelishigidagi soʻz tarkibida -lar koʻplik affiksi qoʻllanganda: *qizlarning raqsi, gullarning hidi* kabi.

8 . Qaralmish otlashgan soʻzlar bilan ifodalanganda: *olmaning shirini, so 'zning ozi, do 'stlarning uchtasi* kabi.[23]

Qaratqich kelishigi quyidagi hollarda belgisiz qoʻllanadi:

1. Qaratqich kelishigi shaklidagi ot abstrakt otlar bilan ifodalanganda: *muhabbat sehri. bilim manbai. ilm ahli, tafakkur gulshani* kabi.

2. Qaratqich va qaralmish munosabatidagi otlar payt ma'nosini anglatganda: *bahor fasli. oqshom payti. tong chog'i, yakshanba kuni* kabi.

3. Qaratqich kelishigi shaklidagi ot ifodalagan predmetning qaralmish ifodalagan predmetga umumiy xosligini bildirganda: *ipak qurti, er islohoti* kabi.

4. Qaratqich kelishigi shaklidagi ot nomiga qoʻyilgan, atab qoʻyilgan otlar bilan ifodalanganda: *Navoiy teatri. Orol dengizi, Toshkent shahri* kabi.

5. Qaratqich kelishigi shaklidagi otlar bir-biriga tobe holda birin-ketin kelganda, eng soʻnggisidagi oldingilari belgisiz shaklda qoʻllanadi: *Toshkent Davlat pedagogika universiteti, boshlang'ich ta'lim va defektologiya fakulteti boshlang'ich ta 'lim bo 'limining talabasi* kabi.[24]

---

[23] Hamroyev M va boshqalar. Ona tili . – Toshkent , 2007 . - B. 90.
[24] Oʻsha asar. - B. 91.

Rus tilida (родительный падеж) qaratqich kelishigining ishlatilish doirasi o'zbek va qoraqalpoq tillaridagi ishlatilish doirasidan ancha keng. Ular quyidagicha:

1. Bir predmetning boshqa predmetga qarashli ekanligini bildiradi. Bunday ma'noni o'zbek va qoraqalpoq tillarida ham ko'rish mumkin: otamning uyi – дом моего отца – a'kemning u'yi, o'qituvchining portfeli - портфель учителя – oqıtıwshınıng portfeli.

2. Predmet ma'nosini anglatadigan so'znining belgi ma'nosini anglatadigan ot bilan bog'lanishida ishlatiladi. Bunday munosabat o'zbek va qoraqalpoq tillarida ham qaratqich kelishigi bilan ko'rsatiladi: olmaning mazasi – вкус яблока – almanıng da'mi. ko'lning chuqurligi – глубина озера – ko'ldin' shuqırlıg'ı.

3. Predmetlarning bir-biriga bo'lgan munosabatini bildiradi. O'zbek va qoraqalpoq tillarida bunday ma'no odatda belgisiz qaratqich kelishigi bilan ifodalanadi: maktab direktori – директор школы – mektep direktorı, kolxoz raisi – председатель колхоза – kolxoz baslıg'ı.

4. Agar harakat predmetning bir qismigagina o'tsa, unda predmetni anglatgan so'z rus tilida qaratqich kelishigida ishlatiladi, o'zbek va qoraqalpoq tillarida esa bu ma'noni ifodalash chiqish kelishi orqali ishlatiladi: *sutdan iching – выпейте молока – su'tten ishin'* kabi.

5. **Hem** so'zi bilan birikib kelgan ot rus rilida qaratqich kelishigida ishlatiladi, o'zbek tilida **yo'q**, qoraqalpoq tilida **joq** so'zi bilan birikib kelgan ot bosh kelishikda bo'ladi: *Stol ustida kitob yo'q – на столе нет книги –stol u'stinde kitap joq. Kinoga borish uchun*

vaqtim yo'q – У меня нет времени пойти в кино – Kinog'a barıw ushun waqtım joq kabi.

6. Rus tilida fe'lning bo'lishsiz shakli ham unga bog'langan otning qaratqich kelishigida bo'lishini talab qiladi, o'zbek va qoraqalpoq tilida esa bo'lishsizlik otning kelishigiga ta'sir qilmaydi. *Yosh gvardiyachilar qo'rqichni bilmas edilar. – Молодо гвардейцы не знали страха. – Jas gvardiyashılar qorqıwdi bilmes edi.*

7. Rus tilida ikki va undan ortiq miqdorni anglatuvchi sanoq son bilan, **много, мало, столько, несколько** kabi so'zlar bilan birikib, kelgan ot qaratqich kelishigida ishlatiladi; o'zbek va qoraqalpoq tillarida esa bunday hollar otning kelishigiga ta'sir qilmaydi: ikkita stol – два стола – eki stol, ikkita daftar – две тетради – eki da'pter, uch student – три студента – u'sh student, ko'p vaqt – много времени – ko'p waqıt, bir necha student – несколько студентов – bir neshe student . . .

8. Rus tilida без, от, из, с, до, для, у, из-за, кроме, после, среди, около, возле kabi old ko'makchilar qaratqich kelishigidagi ot bilan birikib keladi. Qaratqich kelishigidagi so'z bilan ishlatiladigan ko'makchilar o'zbek va qoraqalpoq tillarida deyarli yo'q. Misollar orqali qiyoslaymiz: Rustam diktantni xatosiz yozdi. – Рустам написал диктант без ошибок. – Rustam diktanttı qa'tesiz jazdı. Mashina darvoza oldida to'xtadi – Машина остановилось у ворот. – Mashina da'rwaza aldinda toqtadı. Maktabimiz yonida katta fabrika bor. – Около нашей школы есть большая фабрика. –

Mektebimiz qasında u'lken fabrika bar. Yashil yog'ochdan yasalgan stol. – Стол из зелёного дерева. – Jasıl ag'ashtan islengen stol.[25]

Qoraqalpoq tilida (iyelik sepligi) qaratqich kelishigi affikslari – nın'/nin', -dın'/-din', -tın'/tin' bo'lib hisoblanadi. Qaratqich kelishigidagi otlar kimnin'?, nenin'?, kimlerdin'?, nelerdin'? savollariga javob berib, bir predmetning ikkinchi predmetga tegishliligini, uning egasini bildiradi: jazdın' ku'ni, eriktin' gu'li ha'm t.b.[26]

Xulosa qilib aytganda, o'zbek va qoraqalpoq tillaridagi bosh va qaratqich kelishigi bir-biriga juda yaqin. Faqat qoraqalpoq tilidagi bosh kelishik o'zbek va rus tillaridan ko'proq ma'no ifodalaydi. Rus tilida qaratqich kelishigining ishlatilish doirasi o'zbek va qoraqalpoq tillariga qaraganda kengroq. Bu o'z navbatida tilni qiyoslab o'rganishda boshqa millat vakillari uchun ma'lum qiyinchiliklarni keltirib chiqarishi mumkin. Grammatika qiyin bo'lganligi bilan, tildagi rang-baranglikni o'zida mujassam etadi.

O'ZBEK, RUS VA QORAQALPOQ TILLARIDA OTLARNING KELISHIK KATEGORIYALARI. JO'NALISH KELISHIGI QIYOSI

O'zbek, rus va qoraqalpoq tillarida jo'nalish kelishigi harakat yo'nalgan shaxs yoki predmetni ifodalashlari bilan bir-biriga yaqin. Ularning ishlatilishi ham bir-biriga ancha o'xshash. Masalan: Do'stlarimizga salom ayting. – Передайте привет нашим друзьям. – Doslarimizg'a sa'lem aytin'. O'quvchi o'qituvchiga murojaat qildi. –

---

[25] Azizov O va boshqalar. O'zbek va rus tillarining qiyosiy grammatikasi. – Toshkent ,1965. - B.31.
[26] Da'wletov A va boshqalar. Ha'zirgi qaraqalpaq a'debiy tili. – No'kis, 2010. - B. 103.

Ученик обратился к учителю. - Oqiwshi oqitiwshig'a mura'jet etti. O'zbek tilida jo'nalish kelishigidagi ot ish-harakat yo'nalgan predmetni, shuningdek, harakatning bajarilish payti, ish harakatning bajarilishida vosita bo'lgan predmetni anglatadi. Otlarda jo'nalish kelishigining asosiy ma'nosi harakatning yo'nalish nuqtasini ifodalashdir. Obyekt, payt, sabab, maqsad kabi ma'no xususiyatlarining ifodalanishi bu kelishik shaklini olgan va uni boshqargan so'zning leksik ma'nosiga bog'liq. Shu ma'nolariga ko'ra jo'nalish kishilik shaklidagi ot *kimga? nimaga? qayerga? qachon?* kabi so'roqlarga javob beradi. [27]

Jo'nalish kelishigi *–ga* affiksi bilan shakllanadi: daftarga, osmonga, maktabga kabi. Lekin so'z negizi *–k* tovushi bilan tugasa *–ka* shaklida: -*q* tovushi bilan tugasa *–qa* shaklida qo'shiladi. Masalan: terak-terakka, qishloq-qishloqqa kabi.

Jo'nalish kelishigidagi otlar quyidagi sintaktik vazifalarni bajaradi:

1. Harakatning bajarilishida vosita bo'lgan predmetni anglatganda, *kimga? yoki nimaga?* so'rog'iga javob bo'ladi va gapda vositali to'ldiruvchi vazifasida keladi. Masalan: Mahmadona, valdirovchi odam ochiq bir maktubga o'xshaydi.

2. Harakatning yo'nalish o'rnini anglatganda, *qayerga?* so'rog'iga javob beradi va o'rin holi vazifasida keladi. Masalan: Inson agar jahl qilsa osmonni ham yerga olib tushadi.

3. Harakatning bajarilishi va vaqtini anglatganda *qachon?* so'rog'iga javob beradi va payt holi vazifasida keladi. Masalan: To'y bahorga belgilanadigan bo'ldi.

---

[27] O'sha asar. - B. 92.

Shuningdek, jo'nalish kelishigi shakli, fe'lning harakat nomi, otlashgan sifatdoshlarga qo'shilib, harakatning bajarilish sababi va maqsadini anglatib *nega? nima maqsadda?* so'roqlariga javob bo'ladi va gapda sabab, maqsad holi vazifasini bajaradi. Masalan: Men ataylab Nukusdan siz bilan ko'rishishga, rozi bo'lsangiz, dam olish vaqtimda <u>to'y qilishga</u> kelgan edim. Turmushning qaynab turgan joyiga <u>tushib qolganimga</u> xursandman.

Rus tilida jo'nalish kelishigi дателный падежга to'g'ri keladi. Rus tilida   jo'nalish kelishigidagi ot yoxud olmosh fe'l yoki predikativ ravish bilan birikib, shaxssiz gap hosil qiladi. O'zbek va qoraqalpoq tillarida jo'nalish kelishigining bunday xususiyati yo'q. Shu sababli bunday shaxssiz gaplar ham yo'q. Masalan: Kampirning uyqusi kelmayapti. – Старуха не спится. Kempirdin' uyqisi kelmey atir. Bolalar xursand. – Детом весело. – Balalar quwanishli.

Rus tilida *к* va ***по*** old ko'makchilari jo'nalish kelishigida kelgan ot bilan ishlatiladi. O'zbek tilida jo'nalish kelishigidagi ot ***qadar, dovur, qarab*** kabi ko'makchilar bilan ishlatiladi.

к old ko'makchisi bilan kelgan jo'nalish kelishigidagi ot yoki olmosh jo'nalish kelishigidan tashqari yana ***–nikiga*** affiksi yoki ***yaqin*** so'zi orqali beriladi. Masalan: Bugun ***do'stimnikiga*** boraman. - Сегодня пойду *к своему другу*. – Bu'gin ***dostimdikine*** baraman.

по old ko'makchisi bilan ishlatiladigan jo'nalish kelishigi yuzasida, ustida harakat sodir bo'ladigan prdmetni, sabab, payt va holatni ifodalaydi. O'zbek va qoraqalpoq tillarida bu ma'nolar chiqish, o'rin-payt va jo'nalish kelishiklari orqali, shuningdek, yuzasidan, bilan (menen), uchun (ushin), orqali (arqali), bo'yicha (boyinsha) ko'makchi so'zlari orqali beriladi. Masalan: Institut filologiya sohasida katta tekshirishlar olib borilmoqda. – Институт ведет большие исследование по филологии. – Institut filologiya tarmag'i boyinsha u'lken tekseriwler alip barmaqta. Kitoblar pochta orqali yuboriladi. – Книги отправлены по почте. – Kitaplar pochta arqali jiberiledi.

Qoraqalpoq tilida jo'nalish kelishi - **baris sepligi** deb yuritiladi. Uning asosiy affikslari -g'a/-ge, -qa/-ke, -na/-ne, -a/-e bo'lib hisoblanadi.

Jo'nalish kelishigidgi otlar qoraqalpoq tilida kimge?, nege?, qayda?, qayaqqa? savollariga javob beradi va gapda vositali to'ldiruvchi, o'rin, payt, sabab. maqsad hollarini bildirib keladi.[28] Masalan: Kechki payt kimdir kelib qo'lingizga hujjat berib, ***Bakugacha*** bo'lgan poezdning biletini beradi. Вечером кто-нибудь придёт и выдаст вам на руки документ и билет на поезд до Баку. – Keshte birew kelip, qolinizg'a hu'jjet berip, Bakuge shekemgi poezdin' biletin beredi.

Qoraqalpoq tilidagi jo'nalish kelishigidagi otlar quyidagi ma'nolarda qo'llaniladi:

1. Harakatning bajarilishida vosita bo'lgan predmetni bildirib, vositali to'ldiruvchi vazifasida keladi. Masalan: u'yge keldi, gazetag'a jaziliw.

2. Kimgadir ataylab olingan narsani bildiradi. Masalan: inisine kitap aldi, anasina xat jazdi.

3. O'xshatish ma'nolarini bildirib, to'ldiruvchi vazifasida keladi. Masalan: anasina uqsaydi, alting'a ten'.

---

[28] Da'wletov A va boshqalar. Ha'zirgi qaraqalpaq a'debiy tili. – No'kis, 2010. - B. 104.
36

4. Harakatning bajarilishida vosita bo'lgan o'ringa bog'liq bo'lib, qayda? qayaqqa? savollariga javob berib, o'rin holi vazifasida keladi. Masalan: tog'ayg'a jasirindi, awilg'a ketti.

5. Sonlar bilan birga kelgan vaqtni va hisobni (minut, soat, oy, kun, yil, sutka va hokazo) bildiradigan jo'nalish kelishigida kelgan paytda qansha? neshe? qanshag'a? savollariga javob berib, daraja-miqdor holi bo'lib keladi. Masalan: bir ayg'a, u'sh ku'nde, eki ha'ptege, on somg'a aldi, ju'z metrge juwiriw.

6. Ish-harakatning ishlanish maqsadini bildiradigan maqsad holi vazifasida keladi. Masalan: ja'rdemge keliw, oqiwg'a bardi.

Xulosa qilib aytganda, o'zbek rus va qoraqalpoq tillarida jo'nalish kelishigi harakat yo'nalgan shaxs yoki predmetni ifodalashlari bilan bir-biriga yaqin. Ularning ishlatilishi ham bir-biriga ancha o'xshash. Rus tilida jo'nalish kelishigidagi ot yoxud olmosh fe'l yoki predikativ ravish bilan birikib, shaxssiz gap hosil qiladi. O'zbek va qoraqalpoq tillarida jo'nalish kelishigining bunday xususiyati yo'q. Shu sababli bunday shaxssiz gaplar ham yo'q. Rus va o'zbek tillarida jo'nalish kelishigi old ko'makchilar bilan ishlatilsa, qoraqalpoq tilida old ko'makchilar bilan ishlatilmaydi. Qoraqalpoq tilida jo'nalish kelishigining ishlatish doirasi va ma'nolari rus va o'zbek tilidagi ma'nolariga qaraganda ko'proq. Bu o'z navbatida tilni qiyoslab o'rganishda boshqa millat vakillari uchun ma'lum qiyinchiliklarni keltirib chiqarishi mumkin. Grammatika qiyin bo'lganligi bilan, tildagi rang-baranglikni o'zida mujassam etadi.

O'ZBEK, RUS VA QORAQALPOQ TILLARIDA OTLARNING KELISHIK KATEGORIYALARI.

TUSHUM KELISHIGI QIYOSI

Tushum kelishigining ma'nosi o'zbek, rus va qoraqalpoq tillarida deyarli bir xil.

O'zbek tilidagi tushum kelishigi ot ish-harakatni o'z ustiga olgan predmetni anglatadi. Tushum kelishigidagi ot, odatda, ish-harakatni o'z ustiga olgan predmetni, ya'ni obyekt ma'nosini ifodalaganda *kimni? nimani?* so'rog'iga javob beradi[29]. Masalan: *Hayot harakatni talab qiladi (Arastu).*

Tushum kelishigidagi otning negizi o'rin ma'nosini anglatsa qayerni? so'rog'iga javob beradi. Masalan: *Hujrani yasatganmisan? (A.Qahhor). .*

Tushum kelishigi **-ni** affiksi bilan shakllanadi. Masalan: *Ulug' kishilarni mehnat yetiltiradi* ("Tafakkur gulshani").

Ba'zan she'riyatda egalik affiksidan so'ng **-n** shaklida qo'llanilishi mumkin. Masalan: *Tuzdi-yu Mirzo Ulug'bek, Ko'ragoniy jadvalin (E.V).*

Tushum kelishigida kelgan ot fe'l bilan bog'lanadi va odatda gapda asosan, vositasiz to'ldiruvchi vazifasini bajaradi.

Tushum kelishigi ham qaratqich kelishigi singari 2 xil shaklda: belgili tushum kelishigi va belgisiz tushum kelishigi.

Belgili tushum kelishigi shaklidagi ot **-ni** (**-n**) affiksini olgan holda keladi. Masalan: *Uning rahmsiz tuhmatli gaplari Zaynabni yig'latdi (A.Qodiriy).*

---

[29] O'sha asar. - B. 91.

38

Belgisiz tushum kelishigi shaklidagi otda esa **-ni** affiksi qo'llanilmaydi. Masalan: *Gul tufayli tikan suv ichar (Maqol).*

Tushum kelishigining har ikkala turi ya'ni ham belgili ham belgisiz shaklda qo'llanilishi ma'no talabi va grammatik holatga ko'ra belgilanadi. Belgisiz tushum kelishigidagi otning tushum kelishigidagi ekanligi uning mazmunidan va fe'lga bog'lanishidan bilinib turadi.

Belgisiz tushum kelishigidagi ot fe'l kesim bilan juda zich bog'langan bo'lib, ular orasiga boshqa so'zni kiritib bo'lmaydi. Masalan: *Nozima opasiga xat yozdi.*

Tushum kelishigi quyidagi hollarda belgili qo'llaniladi:

1. Tushum kelishigi shaklidagi ot atoqli ot bilan ifodalangan holda: Masalan: *U Saidani o'z qanoti ostiga oldi(A.Qahhor).*

2. Tushum kelishigidagi ot payt bildiruvchi otlar bilan ifodalansa: Masalan: *Maftuna yozgi ta'tilni yaxshi o'tkazdi.*

3. Tushum kelishigidagi ot o'z aniqlovchisiga ega bo'lsa: Masalan: *Bu kuchli irodani, bu jahoniy qudratni har kimki mensimasa, o'ziga-o'zi zolim (G'. G'ulom).*

4. Tushum kelishigidagi ot bilan uni boshqargan fe'l o'rtasida boshqa so'zlar kelsa: Masalan: *Bog'ni bir bog'bon yaratadi, Ming odam bahramand bo'ladi (Hikmatlar xazinasi).*

5. Tushum kelishigi shaklidagi ot, ya'ni kelishik affiksidan oldin egalik affiksi bo'lsa, belgili qo'llaniladi:[30] Masalan: *Uzoq vaqt o'z hayotida o'z yo'lini topolmay yurdi (A.Qahhor).*

---

[30] Hamroyev M va boshqalar. Ona tili . – Toshkent, 2007. - B. 92.

Shuningdek, boshqa so'z turkumlari: olmosh, fe'lning harakat nomi shakli, otlashgan so'zlarda faqat belgili tushum kelishigi shaklida keladi.

Rus tilida tushum kelishigi винительный падеж ga to'g'ri keladi. Rus tilida tushum kelishigining o'ziga xos xususiyati bunday kelishikning old ko'makchi bilan ishlatilishidir. Shu kelishikdagi so'zlar bir tildan ikkinchisiga turlicha tarjima qilinadi[31].   Masalan: *Biz o'z Vatanimizni sevamiz.* - *Мы любим свою Родину. Onam uyga kirdi. – Мать вошла в комнату.* Qushlar *daraxtga qo'nishdi. – Птицы сели на дерево. Kitobni stol ustidan oldim. – Взял книгу со стола.*

Qoraqalpoq tilida tushum kelishigi – *tabis sepligi* deb yuritiladi. Tushum kelishigi **-dı/-di, -nı/-ni, -tı/-ti, -n** affikslari bilan shakllanadi. Tushum kelishigidagi otlar gapda faqat fe'l so'zlarning boshqaruvida bo'lib kelib, ish-harakatning to'g'ridan-to'g'ri obyektini anglatadi. Gapda "tuwra toliqlawish" – vositali to'ldiruvchi xizmatida kelib, kimdi? neni? savollariga javob beradi. Masalan: qalanı, u'ydi, joldı, da'ryanı va hokazo. *Sa'liymanı bo'denedey qabaqqa salip o'sirgen a'ke-sheshesi gu'nali. Siz su'wen an'law ma'wsimin ko'rmedin'izg'oy.*

Qoraqalpoq tilidagi otlarga tushum kelishigi affikslari qaratqich kelishigi affikslariga o'xshab, ba'zan affiksli, ba'zan affikssiz qo'llaniladi.

Obyektli fe'lga boshqarilib kelgan ot gapiruvchi va tinglovchiga belgili narsani bildirsa, tushum kelishigi belgili qo'llaniladi. Masalan: Men mu'zeydi ko'rdim. – Men muzeyni ko'rdim. Agar gapiruvchi bilan

---

[31] Azizov O. va boshqalar O'zbek va rus tillarining qiyosiy grammatikasi Toshkent, 1965. – B. 33.

tinglovchiga belgili emas, umumiy narsani bildirsa, tushum kelishigi belgisiz qo'llaniladi. Masalan: Bizler kitap oqıdıq. – Biz kitob o'qidik.

Gap ichida tushum kelishigining affiksi undalmalarning har biriga qo'shilishi, yoki faqat eng so'ngi biriga qo'shilishi, yoki umuman qo'shilmasligi ham mumkin. [32]Masalan: *1. Bizler haywanat bag'ında pildi, ayıwdı, jolbarıstı ha'm qasqırdı ko'rdik. – Biz hayvonot bog'ida filni, ayiqni, yo'lbarsni va bo'rini ko'rdik. 2. Bizler haywanat bag'inda pil, ayiw, jolbarıs ha'm qasqır ko'rdik. – Biz hayvonot bog'ida fil, ayiq, yo'lbars va bo'ri ko'rdik.*

Xulosa qilib aytganda, tushum kelishigining ma'nosi o'zbek, rus va qoraqalpoq tillarida deyarli bir xil. Ularning ishlatilishi ham bir-biriga ancha o'xshash. O'zbek tilidagi tushum kelishigi ot ish-harakatni o'z ustiga olgan predmetni anglatadi[33]. Tushum kelishigi ham qaratqich kelishigi singari 2 xil shaklda: belgili tushum kelishigi va belgisiz tushum kelishigi. Tushum kelishigi bir qancha hollarda belgili qo'llanadi. Rus tilida tushum kelishigining o'ziga xos xususiyati bunday kelishikning old ko'makchi bilan ishlatilishidir. Shu kelishikdagi so'zlar bir tildan ikkinchisiga turlicha tarjima qilinadi. Qoraqalpoq tilida tushum kelishigidagi otlar gapda faqat fe'l so'zlarning boshqaruvida bo'lib kelib, ish-harakatning to'g'ridan-to'g'ri obyektini anglatadi. Gap ichida tushum kelishigining affiksi undalmalarning har biriga qo'shilishi, yoki faqat eng so'ngi biriga qo'shilishi, yoki umuman qo'shilmasligi ham mumkin. Bu o'z navbatida tilni qiyoslab o'rganishda boshqa millat

---

[32] Da'wletov A. va boshqalar. Ha'zirgi qaraqalpaq a'debiy tili. – No'kis, 2010. - B.104-105.
[33] Hamroyev M. va boshqalar. Ona tili. – Toshkent,2007. – B.91.

vakillari uchun ma'lum tushunmovchiliklarni keltirib chiqarishi mumkin.

O'ZBEK, RUS VA QORAQALPOQ TILLARIDA OTLARNING KELISHIK KATEGORIYALARI. O'RIN-PAYT KELISHIGI QIYOSI

O'rin-payt kelishigi -**da** bilan shakllanib, bir qancha ma'nolarni ifodalaydi. Endi bu kelishikni o'zbek, rus va qoraqalpoq tillarida ko'rib chiqamiz.

O'zbek tilida o'rin-payt kelishidagi ot ish-harakatning bajarilish o'rnini, paytini va ish-harakatning bajarilishida vosita bo'lgan predmetni anglatadi. Bu kelishik shaklidagi ot qanday leksik ma'noni anglatishiga qarab o'rin, payt, obyekt ma'nolarini anglatadi. Shu ma'nolariga ko'ra o'rin-payt kelishigi shaklidagi ot kimda? nimada? qayerda? qachon? kabi so'roqlarga javob beradi. O'zbek tilida o'rin-payt kelishigi -**da** affiksi bilan shakllanadi[34]. (Masalan: ***Shovvozlarda*** *shuncha hunar bor ekan-ku, bilmay yurgan ekanmiz* (H.N.).

Rus tilida o'rin-payt kelishigiga mos keladigan kelishik yo'q. Shuning uchun o'rin-payt kelishigidagi so'zlarning grammatik ma'nolari rus tilida turli kelishik shakllari va boshqa grammatik vositalar bilan beriladi[35].

Qoraqalpoq tilida o'rin-payt kelishigi – **orin sepligi** deb yuritiladi. Bu kelishik -da/-de, -ta/-te affikslari bilan shakllanadi.

---

[34] O'sha asar. – B. 88.
[35] Azizov O. va boshqalar. O'zbek va rus tillarining qiyosiy grammatikasi Toshkent,1965. – B. 33.

Qoraqalpoq tilidagi oʻrin-payt kelishigidagi otlar kimde? nede? qayaqta? qayerde? kabi savollarga javob berib, narsa yoki ish-harakatning oʻrnini bildiradi. Gapda toʻldiruvchi va hol vazifasida keladi[36](Daʻwletov A. 2010. - B.106). Masalan: *Koʻlde koʻp baliq qaldi dep otirgʻoy* (K.S.). – *Koʻlda koʻp baliq qoldi deyaptiku*.

Endi oʻrin-payt kelishigidagi otlar qanday vazifalarda kelishini koʻrib chiqamiz.

Oʻzbek tilida oʻrin-payt kelishigidagi otlar quyidagi sintaktik vazifalarda keladi:

1.Ish-harakatning bajarilishida vosita boʻlgan predmetni anglatib, kimda? nimada? soʻrogʻiga javob beradi va gapda vositali toʻldiruvchi vazifasini bajaradi. Masalan: *Bolaga otaning mehnati singan boʻlsa, soʻng u bolaning* **xulq-atvorida** *bilinadi (Yusuf Xos Hojib)*.

2. Ish-harakatning bajarilish oʻrnini anglatib, qayerda soʻrogʻiga javob beradi va gapda oʻrin holi vazifasi bajaradi. Masalan: *Vohidlarning* **qishlogʻida** *boshqa yerlarda juda kam uchraydigan halim va shirin olma bor* (O.Y.).

3.Ish-harakatning bajarilish paytini anglatib, qachon? soʻrogʻiga javob beradi va gapda payt holi vazifasida keladi. Masalan: **Bahorda** *shaftoli gullari koʻm-koʻk maysalar ustida toʻkilib qoladi* (M.I.).

4.Ish-harakatning bajarilish holatini anglatib, qanday? savoliga javob beradi va gapda ravish holi vazifasini bajaradi. Masalan: *Ular musiqani chuqur* **sukutda** *tinglar edi* (O.Y.).

Baʼzan predmet yoki hodisaning boʻlish oʻrnini, yoshini holatini anglatib, qayerda? nechada? kimda? nimada? soʻroqlaridan biriga javob

---
[36] Daʻwletov A va boshqalar. Haʻzirgi qaraqalpaq aʻdebiy tili. – Noʻkis, 2010. - B. 104.

berib, gapda kesim vazifasini bajaradi. Masalan: *Singlim* **uyda**. *Barno yigirma* **yoshda**. *Kuch* **birlikda**.

Rus tilida o'rin-payt kelishigidagi so'z:

1.Ish-harakat yoki predmet o'rnini bildirib kelsa, rus tilida odatda *в* yoki *на* old ko'makchisi hamda предложный padejdagi ot bilan beriladi. Masalan: *Мой друг учится* **в Москве**. – *Mening do'stim* **Moskvada** *o'qiydi. Ваши книги* **на столе**, *а костюм* **в шкафу**. – *Kitoblaringiz* **stolda**, *kostyumingiz* **shkafda**.

2.Ish-harakat vaqtini bildirib kelsa, rus tilida payt ravishi bilan yoki turli old ko'makchi hamda tushum . творительный, предложный kelishiklardagi so'z orqali beriladi. Masalan: *Хлопок собирают* **осенью**. – *Paxta* **kuzda** *teriladi. Эту книгу прочитал* **за неделю**. – *Ви kitobni bir* **haftada** *o'qib chiqdim.*

3.Boshqa grammatik ma'nolari rus tilida *u* old ko'makchisi hamda qaratqich kelishigidagi ot bilan va boshqa grammatik vositalar bilan beriladi. Masalan: *У кого есть сегодняшияя газета?* – **Kimda** *bugungi gazeta bor?*

Qoraqalpoq tilida o'rin-payt kelishigi quyidagi ma'nolarda va o'rinlarda qo'llaniladi:

1.Narsaning o'rnini bildirib, vositali to'ldiruvchi vazifasida keladi. Masalan: *Qaraqalpaq* **a'debiyatinda** *ataqli shayirlar ko'p (T.Q.).* – *Qoraqalpoq* **adabiyotida** *taniqli shoirlar ko'p.*

2.Ish-harakatning o'rnini bildirib, hol vazifasida keladi. Masalan: *O'zim* **fermada** *isleymen (K.S.).* – *O'zim* **fermada** *ishlayman.*

3.Vaqt ma'nosidagi otlar o'rin-payt kelishigida belgili vaqtni bildirib, payt holi vazifasida keladi. Masalan: *Otirispalar, ko'binese keshte bolatug'in edi* (T.Q.). – *O'tirishlar, ko'pincha kechki payt bo'lar edi.*

4.Ish-harakatning yuzaga chiqish quroli bo'lgan narsani bildirib, vositali to'ldiruvchi vazifasida keladi[37]. Masalan: *Sa'skede awilg'a* **mashinada** *ispolkom predsedateli Tog'izbaev penen Ma'diyar keldi (Sh. S.).* – *Tushdan keyin qishloqqa* **mashinada** *ispolkom predsedateli Tog'izbaev bilan Ma'diyar keldi.*

Xulosa qilib aytganda, o'rin-payt kelishigining ma'nosi o'zbek va qoraqalpoq tillarida deyarli bir xil. Rus tilida bunaqa kelishik yo'q. Rus tilida o'rin-payt kelishigi old ko'makchilar, qaratqich kelishigidagi ot va boshqa grammatik vositalar yordamida beriladi. O'zbek tilida o'rin-payt kelishidagi ot ish-harakatning bajarilish o'rnini, paytini va ish-harakatning bajarilishida vosita bo'lgan predmetni anglatsa, qoraqalpoq tilida asosan, narsa yoki ish-harakatning o'rnini bildiradi. O'zbek tilida chiqish kelishigi, vositali to'ldiruvchi, o'rin va payt holi, ravish holi vazifasida kelsa, qoraqalpoq tilida ham ko'pgina hollarda vositali to'ldiruvchi va yana hol, payt holi vazifasida keladi. Bularning hammasi o'z navbatida, o'zbek va qoraqalpoq tillaridani qiyoslashda ozgina qiyinchilik tug'dirmasa ham, rus tili bilan bu tillarni qiyoslashda bir qancha tushunmovchiliklarni keltirib chiqarishi mumkin.

---

[37] [37] Da'wletov A va boshqalar. Ha'zirgi qaraqalpaq a'debiy tili. – No'kis, 2010. - B. 106.

O'ZBEK, RUS VA QORAQALPOQ TILLARIDA OTLARNING KELISHIK KATEGORIYALARI.

CHIQISH KELISHIGI QIYOSI

Chiqish kelishigi *-dan* affiksi bilan shakllanadi. Chiqish kelishigini o'zbek, rus va qoraqalpoq tillarida ko'rib chiqamiz.

O'zbek tilida chiqish kelishigidagi ot ish-harakatning kelib chiqish o'rni, manbaii, payti, sababi, holati yoki ish-harakatning bajarilishida vosita bo'lgan predmetni anglatadi. Shu ma'nolariga ko'ra chiqish kelishigi shaklidagi ot *kimdan?, nimadan?, qayerdan?, qachondan?* kabi so'roqlardan biriga javob beradi. Chiqish kelishigi *-dan* affiksi bilan shakllanadi. Masalan: *Insonga **bilimdan** yaxshi narsa topilmaydi (Hikmatlar xazinasi).*

Rus tilida chiqish kelishigiga mos keladigan kelishik yo'q. Bu kelishikdagi so'zlar predmetning chiqish , ish-harakatning boshlanish o'rnini, manbaini, vaqtini, sababini va grammatik ma'nolarini ifodalab keladi. Shuning uchun chiqish kelishigining grammatik ma'nolari rus tilida so'zlarning turli kelishik shakli bilan va boshqa grammatik vositalar bilan beriladi[38].

Qoraqalpoq tilida chiqish kelishigi bor va u "shig'is sepligi" deb yuritiladi. Chiqish kelishigi -dan/-den, -nan/-nen, -tan/-ten affikslari bilan shakllanadi. Chiqish kelishigidagi otlar kimnen? neden? qaydan? qayaqtan? savollariga javob berib, asosan, ish-harakatning chiqqan o'rnini, narsaning nimadan ishlanganligini bildiradi. Gapda to'ldiruvchi va hol bo'lib kelishi mumkin. Masalan: ***G'arrılardan** ayrılıw menen*

---

[38] Azizov O. va boshqalar. O'zbek va rus tillarining qiyosiy grammatikasi Toshkent,1965. – B. 34.

aqlımızdan ayrılıp atırg'an ekenbiz (T.Q.). **Bobolarimizdan** *ayrilish bilan aqlimizdan ayrilayotgan ekanmiz.*

O'zbek tilida chiqish kelishigidagi otlar quyidagi sintikatik vazifalarda keladi:

1. Harakatning bajarilishida vosita bo'lgan predmetni, bir predmetni boshqa predmet bilan chog'ishtirish ma'nolarini anglatib, *kimdan? nimadan?* so'rog'iga javob beradi va gapda vositali to'ldiruvchi vazifasida keladi: Masalan: *Ilmdan bir shu'la dilga tuishgan on, Shunda bilursankim, ilm bepayon (Firdavsiy).*

2. Harakatning boshlanish o'rni, payti, harakatning bajarilish holati, sababini anglatib qayerdan?, qanday?, nega? savollariga javob beradi va gapda o'rin, payt, sabab, holat holi vazifasida keladi. Masalan: *Kamoliddin Behzod hali* **yoshlikdan** *Hazrat Mirning tarbiyalari bilan ulg'aydilar (P.Q.).*

3. Kimdan? va nimadan? so'roqlariga javob berib gapda kesim vazifasida keladi[39]. Masalan: *Shaxzoda zerikmaydigan bo'ldingiz, bu onangiz havaskor* **alpinistlardan** *ekan (S.Abdullayeva).*

Endi rus tilida chiqish kelishigi qanday anglatilishini ko'rib chiqamiz.

1. Chiqish kelishigidagi so'z ish-harakatning boshlanish o'rnini, vaqtini manbaini bildiradi, rus tilida *из, с, от* old ko'makchilaridan biri hamda qaratqich kelishigi shakli yordamoda beriladi. Masalan: **Из Индии** *приехали туристы.* – Hindistondan turistlar keldi. **С девяти часов** *до четирех буду в институте.* – **Soat to'qqizdan** to'rtgacha institutda bo'laman.

---

[39] Hamroyev M. va boshqalar. Ona tili. – Toshkent, 2007. - B. 93.

2. Qaratqich kelishigidagi so'z predmetning nimadan ishlanganligini bildirsa, rus tilida *из* old ko'makchisi hamda qaratqich kelishigi shakli bilan beriladi. Masalan: *Рахима сшила себе платье из атласа.* – Rahima o'ziga atlasdan ko'ylak tikdi.

3. Qaratqich kelishigidagi so'z harakat predmetga qisman o'tganini, butunning bo'lagini bildirib kelsa, rus tilida biror kelishikdagi ot so'z bilan beriladi. Masalan: **Mehmonlardan** biri Saidani tabrikladi. – *Один из гостей поздравил Саида.*

4. Chiqish kelishigidagi so'z chog'ishtirayotgan predmetni bildirib kelsa, rus tilida qaratqich kelishigidagi so'z bilan yoki bosh kelishikdagi so'zni *чем* so'ziga biriktirib ishlatish bilan beriladi. Masalan: *Дети пришли раньше, чем вы.* – Bolalar **sizlardan** oldin keldi.

5. Qaratqich kelishigidagi so'z vosita, sabab ma'nolarini bildirib kelsa, rus tilida ko'pincha *по* old ko'makchisi hamda jo'nalish kelishigi shakli bilan beriladi. Masalan: *Машина прошли по узкому мосту.* – Moshina tor **ko'prikdan** o'tdi.

6. Qaratqich kelishigidagi so'zning ma'nolari rus tilida turli grammatik vositalar bilan ifodalanadi.[40] Masalan: *Я доволен вами.* – Men **sizdan** hursandman.

Qoraqalpoq tilidagi chiqish kelishigidagi otlar quyidagi o'rinlarda va ma'nolarda keladi:

1. Ish-harakatning chiqqan o'rnini ko'rsatib, o'rin holi vazifasida keladi. Masalan: **Atızdan** kettik (K.S.). – **Daladan** ketdik. **Teatrdan qayttiq** (K.S.). – **Teatrdan qaytdik.**

---

[40] Azizov O. va boshqalar O'zbek va rus tillarining qiyosiy grammatikasi Toshkent, 1965. – B.34-35.

2. Narsa yoki predmetning nimadan ishlanganligini bildirib, vositali to'ldiruvchi vazifasida keladi. Masalan: **Paxtadan** *islengen (K.S.). –* **Paxtadan** *ishlangan.* **Temirden** *sog'ılg'an (K.S.).* **Temirdan** *yasalgan.*

3. Bir predmet bilan ikkinchi predmet chog'ishtirilganda, chog'ishtirilgan so'z chiqish kelishigida kelib, vositali to'ldiruvchi bo'lib keladi. Masalan: **Tastan** *qatti (K.S.). –* **Toshdan** *qattiq.* **Ko'mirden** *qara (K.S.). –* **Ko'mirdan** *qora.*

4. Voqea-hodisaning chiqishiga sabab bo'lgan narsani bildirib, vositali to'ldiruvchi vazifasida keladi. Masalan: *Awrıw* **astan,** *daw* **qarındastan** *(Maqol). – Kasallik* **ovqatdan,** *janjal* **singildan.**

5. Narsaning, biror belgining hissasini bildirib, vositali to'ldiruvchi bo'lib keladi. Masalan: *Bul da sol xan* **no'kerlerinen** *biri edi (T.Q.). – Bu ham shu xon* **navkarlaridan** *biri edi.*

6. Payt ma'nosidagi so'zlar chiqish kelishigida ish-harakatning boshlanish vaqtini bildirib, payt holi vazifasida keladi. Masalan: *Maqset tan' sa'ha'rden oyanıp, jumısqa ketti (Sh.S.). – Maqset tong* **sahardan** *uyg'onib, ishga ketdi.*

7. Pul birliklarining, o'lchov birliklarining nomini bildiradigan chiqish kelishigidagi otlar bilan taqsim sonlar birga kelib, daraja-miqdor holi bo'ladi.[41] Masalan: *Ele ku'nler keledi, bizin' siyirlar da 20* **litrden** *su't beredi (K.S.). – Hali kunlar keladi, bizning sigirlar ham 20* **litrdan** *sut beradi.*

Xulosa qilib aytganda, chiqish kelishigining ma'nosi o'zbek va qoraqalpoq tillarida deyarli bir xil. Rus tilida bunaqa kelishik yo'q. Rus tilida chiqish kelishigining o'rniga old ko'makchilar, qaratqich va

---

[41] Da'wletov A va boshqalar. Ha'zirgi qaraqalpaq a'debiy tili. – No'kis, 2010. - B. 105-106.

boshqa kelishiklar yordamida hosil qilinadi. O'zbek tilida chiqish kelishigi ish-harakatning o'rni, payti, holati, sababi va boshqa ma'nolarini anglatsa, qoraqalpoq tilida asosan, ish-harakatning chiqqan o'rnini va nimadan yasalganligini bildiradi. O'zbek tilida chiqish kelishigi, vositali to'ldiruvchi va ba'zi hollarda kesim vazifasida kelsa, qoraqalpoq tilida ham ko'pgina hollarda vositali to'ldiruvchi va yana o'rin holi, payt holi vazifasida keladi.

O'ZBEK, RUS VA QORAQALPOQ TILLARIDA OTLARDA KELISHIK KATEGORIYALARINING QIYOSIY TADQIQI

Rus tilidagi tvoritelniy va predlojniy kelishik o'zbek va qoraqalpoq tillarida yo'q. Hozir biz bu kelishiklarning qanday qo'llanishi, ma'nolari va qanday ifodalanishlarini ko'rib chiqamiz.

O'zbek va qoraqalpoq tillarida tvoritelniy kelishik yo'q. Tvoritelniy kelishikning ma'nosi bunday kelishikdagi so'zni boshqarib keladigan fe'llarning semantikasiga bog'liq[42].

1. Harakatni boshqarishda vosita, qurol bo'lgan predmetni bildiradi, bunday ma'noni o'zbek tilida bilan, qoraqalpoq tilida menen ko'makchisi beradi. Masalan: *Нужно писать карандашом.* – *Qalam bilan yozish kerak.* – *Qa'lem menen jazıw kerek.*

2. Majhul konstruktsiyada esa harakatning bajaruvchisini anglatadigan so'z tvoritelniy kelishikda bo'ladi[43]. O'zbek tilida bunday konstruktsiyaga tomonidan, qoraqalpoq tilida esa *ta'repinen* so'zi bilan

---

[42] Azizov O. va boshqalar. O'zbek va rus tillarining qiyosiy grammatikasi Toshkent,1965. – B. 35.
[43] O'sha asar. - B. 36.

tuziladigan passiv konstruktsiya toʻgʻri keladi. Masalan: *Это картина написано известным художником. – Bu rasm mashhur **rassom tomonidan** solingan. – Bul suʻwret ataqlı **suʻwretshi taʼrepinen** salıngʻan.*

Oʻzbek va qoraqalpoq tilida bunday hollarda koʻpincha aniq konstruktsiya ishlatiladi. Masalan: *Комнатка было плохо освещена **свечой**. – **Sham** xonachani xira yoritardi. – **Shaʻm** xanapı azgʻantay jarıq qılatugʻın edi.*

3. *Быть, стать, работать, назначить* kabi feʼllar bilan bogʻlanib kelgan ot tvoritelniy kelishikda keladi[44]. Oʻzbek tilida bu maʼno ***boʻlmoq, etmoq, qilmoq***, qoraqalpoq tilida esa ***boliw, etiw, qiliw*** kabi yordamchi feʼllarining bosh kelishikdagi ot bilan birikishi orqali ifodalanadi. Masalan: ***Чехов был врачом***, *но не считал медицину своим главным делом. – **Chexov vrach edi**, lekin meditsinani oʻzining asosiy ishi deb hisoblamagan. – **Chexov vrach edi**, biraq ol medicinanı oʻzininʻ tiykargʻı jumısı deb esaplamagʻan. Мой брат **стал лётчиком**. – Akam **uchuvchi boʻldi**. – Ajagʻam **ushıwshı boldı**. Мой отец **работает председателем колхоза**. – Otam **kolxoz raisi boʻlib ishlaydi**. – Aʻkem **kolxoz baslıgʻı bolip isleydi**. Учитель математики **назначен директором школы**. – Matematika oʻqituvchisi **maktab direktori qilib tayinlandi**. – Matematika oqıtıwshisi **mektep direktori boldı**.*

4. Tvoritelniy kelishik *перед, над, под, за, с, между* kabi old koʻmakchilari bilan ishlatiladi[45]. Bunday ishlatilishlar oʻzbekcha va

---

[44] Azizov O. va boshqalar. Oʻzbek va rus tillarining qiyosiy grammatikasi Toshkent,1965. – B. 36.
[45] Oʻsha asar. - B. 36.

qoraqalpoqchaga turlicha tarjima qilinadi. Masalan: *Перед законом всё равны.* – *Qonun oldida* hamma baravar. – *Nızam aldında ha'mme ten'.*
Все человечество преклоняется **перед талантом** *Л.Н. Толстого.* – *Butun insoniyat L.N. Tolstoyning* **talanti oldida** *bosh egadi.* – *Pu'tkil insaniyat L.N. Tolstoydın'* **talantı aldinda** *bas iyedi.*

O'zbek va qoraqalpoq tilida predlojniy kelishik yo'q. Rus tilining bu kelishigi doim *o, ob, в(во), на, при, по* kabi old ko'makchilaridan biri bilan ishlatiladi.

1. *O (об, обо)* old ko'makchisi bilan kelganda biror shaxs yoki predmet haqidagi fikr, mulohazani bildiradi. O'zbek tilida bu ma'no belgisiz qaratqich kelishigidagi so'zni **haqida, to'g'risida** so'zlari bilan, qoraqalpoq tilida esa ko'p hollarda **haqqinda** so'zlari bilan birga keltirish orqali ifodalanadi. Masalan: *Студенты слушали лекцию* **о творчестве** *великого русского поэта А.С. Пушкина.* – *Talabalar ulug' rus shoiri A.S. Pushkin* **ijodi haqida** *ma'ruza eshitar edilar.* – *Studentler ullı rus shayırı A.S.Pushkin* **do'retiwshiligi haqqında** *lekciya esiter edi.*

2. *в, на* old ko'makchilari bilan kelganda, o'rinni, vaqtni ifodalaydi. Bu old ko'makchilari bilan kelgan ot o'zbek tilida o'rin-payt kelishigi bilan, ba'zan chiqish kelishigi bilan beriladi. Qoraqalpoq tilida ham shunday, ya'ni old ko'makchilari bilan kelgan ot orin (o'rin-payt) kelishigi, ba'zi hollarda esa shig'is (chiqish) kelishigi bilan beriladi. Masalan: *Мои родители работают* **в колхозе**, *а старший брат служит* **в армии**, *сестра учится* **в школе**, *а старшая сестра работает* **на фабрике**.
– *Ota-onam* **kolxozda** *ishlaydi, akam* **armiyada** *xizmat qiladi, singlim* **maktabda** *o'qiydi, opam esa* **fabrikada** *ishlaydi.* – *Ata-anam* **kolxozda**

isleydi, ajag'am **armiyada** *xizmet etedi, sin'lim* **mektepte** *oqıydı, ajapam bolsa* **fabrikada** *isleydi.*

3. При old ko'makchisi bilan kelgan predlojniy kelishikdagi ot vaqt, holatni ifodalaydi.

O'zbek tilida asosan, o'rin-payt kelishigi orqali yoki belgisiz qaratqich kelishigidagi so'zni oldida, vaqtida so'zlari bilan birgalikda keltirish, ba'zan esa bilan ko'makchisi orqali beriladi.

Qoraqalpoq tilida ham o'zbek tilidagidek, asosan orin (o'rin-payt) kelishigi orqali yoki belgisiz iyelik (qaratqich) kelishigidagi so'zdan oldin, aldinda, waqtinda so'zlari bilan birgalikda, ba'zi hollarda esa menen ko'makchisi orqali beriladi. Masalan: *Трудно работать* **при сильном ветру.** *– Qattiq shamol* **vaqtida** *ishlash qiyin. – Qattı samal* **waqtında** *islew qıyın.*

При old ko'makchisi bilan kelgan predlojniy kelishik qaramog'idalik ma'nosini ham ifodalab keladi. Bunday so'zlar o'zbek tilida belgisiz qaratqich kelishigidagi so'zni qoshida, qaramog'ida, huzurida so'zlari, qoraqalpoq tilida esa ko'pincha hollarda iyelik (qaratqich) kelishidagi so'zni qasinda, qaramag'inda so'zlari bilan ifodalanadi. Masalan: *При заводе есть большая библиотека. – Zavod qoshida katta kutubxona bor. – Zavodtın' qasında u'lken kitapxana bar.*

4. *По* old ko'makchisi bilan kelgan predlojniy kelishik muddat ma'nosini bildiradi. O'zbek va qoraqalpoq tillarida bunday ma'no ko'pincha chiqish kelishigidagi o'tgan zamon sifatdoshiga keyin ko'makchisini biriktirib yoki harakat nomiga bilan so'zini biriktirib ifodalanadi. Masalan: **По окончании** *школы я буду работать. – Мен*

maktabni **bitirganimdan keyin** *ishlayman.* – *Men mektepti* **pitkergenimnen keyin** *jumıs isleymen.*

Xulosa qilib shuni aytishimiz joizki, rus tilidagi tvoritelniy va predlojniy kelishiklar oʻzbek va qoraqalpoq tillarida yoʻq. Tvoritelniy kelishik yordamchi feʼllar yoki old koʻmakchilarga ot qoʻshish natijasida hosil boʻladi. Oʻzbek va qoraqalpoq tillarida bu kelishik oʻrniga old koʻmakchilar, yordamchi feʼllar orqali bildiriladi. Tvoritelniy kelishik *пeped, над, пod, за, с, между* kabi old koʻmakchilari bilan ishlatilganda oʻzbek yoki qoraqalpoq tillariga tarjima qilganda maʼnolari turlicha boʻlib ketishi mumkin. Rus tilidagi predlojniy kelishigi doim *o, об, в(во), на, при, по* kabi old koʻmakchilaridan biri bilan ishlatiladi. Bu old koʻmakchilar turlicha maʼnolarni bildirib keladi. Oʻzbek va qoraqalpoq tillarida esa oʻrin-payt, chiqish, va belgisiz qaratqich kelishigidagi soʻzlarga yordamchi soʻzlarni qoʻshish orqali hosil qilinadi. Bu oʻz navbatida tilni qiyoslab oʻrganishda nafaqat boshqa millat vakillari, balki, oʻzimiz uchun ham maʼlum qiyinchiliklarni keltirib chiqarishi mumkin.

OʻZBEK, RUS VA QORAQALPOQ TILLARIDA OTLARNING EGALIK KATEGORIYASI

Oʻzbek tilidagi egalik kategoriyasi bir predmetning maʼlum shaxsga yoki ikkinchi bir predmetga qarashli ekanligini yoxud munosabatini bildiradi. Bunday grammatik maʼno soʻz negiziga maxsus egalik affiksini qoʻshish bilan ifodalanadi:[46]

---

[46] Azizov O va boshqalar. Oʻzbek va rus tillarining qiyosiy grammatikasi. – Toshkent ,1965. - B.38.

Shaxslar	Birlik	Ko'plik
I shaxs	-(i)m opam, yurtim	-(i)miz opamiz, yurtimiz
II shaxs	-(i)ng opang, yurting	-(i)ingiz opangiz, yurtingiz
III shaxs	-i, -si opasi, yurti	-i, -si(lari) opasi(lari), yurti(lari)

Rus tilida egalik ma'nosini ifodalaydigan maxsus affikslar yo'q. Egalik ma'nosi rus tilida egalik olmoshlari orqali ifodalanadi (o'zbek va qoraqalpoq tillarida egalik olmoshlari yo'q). Egalik olmoshlari boshqa so'zlar bilan birikib kelganda aniqlanmish so'z bilan rod, son, kelishikda moslashadi:

I shaxs: мой отец – otam, a'kem; моя школа – maktabim, mektebim; мое письмо- xatim, xatım;

II shaxs: твой отец – otang, a'ken'; твоя школа – maktabing,mektebin'; твое письмо – xating, xatın';

III shaxs: его(ее) отец – otasi, a'kesi; его(ее) школа – maktabi, mektebi; его(ее) письмо – xati, xatı.

Rus tilida III shaxs egalik olmoshlari yo'q, shuning uchun III shaxsda kishilik olmoshining III shaxs shakli (его, ее, их) ishlatiladi. Его, ее, их aniqlanmish so'z bilan rod, son kelishikda moslashmaydi: его книга (ее книга) – uning kitobi, onın' kitabi; их книга – ularning kitobi, olardın' kitabi ; его журнал (ее журнал) – uning jurnali, onın' jurnali; его ружьё – (её ружьё) – uning miltig'i, onın' mıltıg'ı.[47]

Qoraqalpoq tilida ham o'zbek tilidagidek, narsaning bir shaxsga yoki narsaga tegishli ekanligini bildiradigan kategoriya **egalik (tartim)**

---

[47] Azizov O va boshqalar. O'zbek va rus tillarining qiyosiy grammatikasi. – Toshkent ,1965. - B.39.

kategoriyasi deb ataladi. Egalik qilingan ot orqali narsaning qaysi shaxsga tegishli ekanligi ham uning qaysi sonda ekanligi bildiriladi[48].

Bet	Birlik san	Ko'plik san
I	-ım/-im mektebim	-mız/-miz mektebimiz
II	-ın'/-in' mektebin'	-ın'iz/-in'iz mektebin'iz
III	-ı/-i mektebi	-ı/si –mektebi

Egalik (tartim) kategoriyasining ko'rsatkichlari bo'lib xizmat qiladigan affikslar: aniq (konkret) egani bildiruvchi affikslar va aniq emas (abstrakt) egani bildiruvchi affikslar bo'lib 2ga bo'linadi.[49]

O'zbek tilida egalik affiksini olgan so'z qaratqich kelishigidagi kishilik olmoshi bilan birikib kelishi mumkin: mening daftarim, sening daftaring, bizning bog'imiz kabi. Bunday birikmalarda ba'zan egalik ma'nosi egalik affiksisiz ham ifodalanadi: bizning maktab, sizning dunyo kabi.

Otlar birlik va ko'plik sonda keladi. Birlik sondagi otlar bir predmetni bildiradi. Ko'plik sondagi otlar birdan ortiq predmetni bildiradi. Otlar ko'plikda

–lar qo'shimchasi orqali ifodalansa **morfologik usul** hisoblanadi. O'zbek tilida yana **qarashlilik shakli** –niki qo'shimchasi bilan yasaladi va narsa yoki shaxsning shu qo'shimcha olgan narsa yoki shaxsga tegishli ekanligini bildiradi. Bu shaklning egalik shakllaridan farqini ko'rib chiqamiz:

1. Egalik ma'nosi shaxs ko'rsata oladi, qarashlilik esa shaxs ko'rsata olmaydi.

---

[48] Da'wletov A va boshqalar. Ha'zirgi qaraqalpaq a'debiy tili. – No'kis, 2010. - B. 97.
[49] O'sha asar. – B. 97.

2. Egalik shakli egalik qo'shimchasini olgan so'z bildirgan narsa yoki shaxsning boshqa biror narsa yoki shaxning –niki qo'shimchasini olgan so'z bildirgan narsa yoki shaxsga tegishliligini, qarashli ekanligini ifodalaydi.

Egalik va qarashlilik qo'shimchalari bir otga baravar qo'shilishi mumkin: kitob ukamniki. Qarashlilik shaklidagi so'z ifodalagan so'z bilan birga qo'llansa doim kesim vazifasida keladi. Ba'zan qarashli bo'lgan narsani bildiruvchi so'z qo'llanmasligi mumkin.[50]

Rus tilida har ikkala holda ham egalik olmoshlari aniqlanmish bilan rod, son, kelishikda moslashib keladi: моя книга – mening kitobim, твой карандаш – sening qalaming, наша школа – bizning maktab.

Qoraqalpoq tilida egalik (tartim) kategoriyasi 2 xil usul orqali bildiriladi.

Morfologik usul: Aniq egani bildiruvchi affikslar orqali narsaning 3 shaxsning qaysi biriga tegishli ekanligini aniq bildiradi. Aniq egalik affikslaridan bi vaqtning o'zida grammatik shaxs va grammatik son bildiriladi.

Egalik kategoriyasi morfologik usul bilan bildirilganda narsaning egasi va egalik qiluvchi narsa bir affiks yordamida anglatiladi, ya'ni bunda egallangan narsaning oldida qaratqich (iyelik sepligi) kelishigidagi so'z qo'llanilmaydi:

Anamsan', ka'bamsan' o'zin' o'sirgen,

Ko'p azapti shul basın'nan keshirgen (A'jiniyaz).

_____

[50] Anorbekova A, Mirzayeva Sh. Hozirgi o'zbek adabiy tili . – Toshkent , 2011. - B. 95-96.

-niki/-diki abstrakt egalik formalari faqat narsaning egasini bildiradi va egalik qilinayotgan narsa belgisiz bo'ladi. Uni faqat konteksdan aniqlash mumkin: Ol birden izine qaytıp, Du'ysenbaydikine ketti. Biziki sonin' g'amı (T.Q).

Abstrakt egalikning bu turi morfologik usul bilan yasalishiga kiradi.

Sintaktik usul: Bu usulda egalikning ma'nosi egalik qiluvchi otdagi aniq egalik affikslari va ularning aniqlovchi bo'lib qo'llaniladigan qaratqich kelishigidagi shaxs olmoshlari (III shaxsda qaratqich kelishigidagi otlarda) orqali kuchaytirilib ko'rsatiladi. Masalan: Demek, miynet senin' ustazın', adam o'z ustazın jerge-ja'mge tiygizbey qa'dirlewi kerek (T.Q).

Egalikning III shaxsidagi qaratqich kelishigi affiksi ba'zida tushirilib qoldiriladi: awıl adamlari, mektep oqıwshıları, ko'l qusları va boshqa.

Shuningdek, egalik ma'nosini qaratqich kelishigidagi shaxs olmoshlarining I va II shaxsdagi ko'plik sonining egalik affikslarini qabul qilmagan so'zlar bilan birga kelishi bilan bildiriladi. Egalik kategoriyasining bu turi faqat I shaxsdagi odamga yoki II shaxsdagi tinglovchiga tegishli ekanligini bildiradi, lekin III shaxsda bunday forma qo'llanilmaydi.

O'zbek va qoraqalpoq tillarida -niki affiksini olgan so'zlarning egalik ma'nosiga rus tilida egalik olmoshi yoki otlarning qaratqich kelishigi to'g'ri keladi, bunda egalik olmoshi gapning kesimi bo'ladi. Masalan: Bu daftar *sizniki*. Bul da'pter *sizdiki*. Эта тетрадь *ваша*. [51]

---

[51] Da'wletov A va boshqalar. Ha'zirgi qaraqalpaq a'debiy tili. – No'kis, 2010. - B. 97-98.

Qoraqalpoq tilida egalik affikslari so'zlarga qo'shilib, narsaning bir shaxsga tegishliligidan yana boshqa ma'nolarni anglatib keladi:

1. Ba'zi qarindoshlik ma'nolarini bildiruvchi so'zlarda, I shaxs birlik sonda kelib, muloyim ma'nosini bildirib keladi: O'mir shen'gelli g'oy, *sin'lim*. (G.E)

2. Ba'zi otlar I shaxs birlik sonda qo'llanilganda, hurmat va erkalatish ma'nolarini bildiradi: Qartayg'anda da'wlet ber, jigitimde miynet ber degen, *shɪrag'ɪm* (T.Q.).

3. Odamdagi ta'na a'zolarini bildiradigan ba'zi so'zlar I shaxsda, birlik sondagi egalik affikslarini qabul qilib, erkalatish, yaxshi ko'rish ma'nolarini bildiradi: Begis, tu'sin, *bawɪrɪm* (T.Q.)

4. Egalik kategoriyasining II shaxs birlik son formasi III shaxsdagi odam yoki narsani yoqtirmaslikni, kamsitishni, yomon ko'rishlikni bildiradi: *Tawbaevɪn'* tamam, endi og'an jerdin' jarɪg'ɪ da ja'rdem bere almaydi (O.A'.)

5. Egalik kategoriyasining II shaxs birlik son shakli ba'zida I shaxsga tegishli maqtanishni bildiradi: Inim, *ag'an'* onday so'zlerdi jaqtɪrmaydi (K.A.).

6. I shaxs birlik sondagi egalik kategoriyasida turlangan otlarning ba'zilari undov so'z ma'nosida keladi: *Man'layɪm*, kelgen kim boldi (T.Q.).

7. II shaxs ko'plik sonda formasi birlik son o'rnida qo'llanilib, muloyimni, hurmat ma'nolarini bildiradi: Ene, su'yinshi, *balan'ɪz* keldi – dedi sɪbɪrlap (S.B.).

8. Egalik kategoriyasining III shaxs formasi oila a'zolari orasidagi hurmat ma'nosini bildiradi: ag'asi, anasi, apasi, t.b.: *Ag'asi*, quri qiyaldan qazan qaynamaydi (A'.A.).[52]

Xulosa qilib aytganda, o'zbek, rus va qoraqalpoq tillaridagi egalik kategoriyalari bir biridan ancha farq qiladi. O'zbek va qoraqalpoq tillarida egalik kategoriyasi bor. Rus tilida egalik ma'nosini ifodalaydigan maxsus affikslar yo'q. Egalik ma'nosi rus tilida egalik olmoshlari orqali ifodalanadi. O'zbek va qoraqalpoq tillarida egalik kategoriyalari ma'lum jihatdan o'xshash bo'lgani bilan yetarlicha o'zgarishlar bor. O'zbek tilida –*niki* qo'shimchasi qarashlilik shaklini ifodalagan bo'lsa, qoraqalpoq tilida esa bu qo'shimcha egalik kategoriyasini ham ifodalaydi. Qoraqalpoq tilida egalik affikslari ot so'z turkumidagi so'zlarga qo'shilib, bir qancha ma'nolarni ifodalaydi. Ba'zi ma'nolarni kuchaytiradi.

O'zbek va qoraqalpoq tillarida egalik olmoshlari yo'q. O'zbek va qoraqalpoq tillaridagi egalik kategoriyasining borligi, rus tilida esa bu kategoriyaning yo'qligi tillarni qiyoslab o'rganishdagi ma'lum bir murakkabliklarni yuzaga keltiradi. Rus tilida bor bo'lgan egalik olmoshlari esa tilni qiyoslab o'rganishda ma'lum bir qiyinchiliklarni keltirib chiqaradi. Grammatika qiyin bo'lganligi bilan, tildagi rang-baranglikni o'zida mujassam etadi.

---

[52]Da'wletov A va boshqalar. Ha'zirgi qaraqalpaq a'debiy tili. – No'kis, 2010. – B. 101.

O'ZBEK, RUS VA QORAQALPOQ TILLARIDA OTLARNING MORFOLOGIK USULDA YASALISHI.

Hozirgi o'zbek tilida ot so'z turkumi tug'at tarkibida mavjud bo'lgan so'zlarning miqdorini tashkil qiladi. Chunki ot so'z turkumi boshqa so'z turkumlariga nisbatan yangi so'zlar hisobiga tez boyib boradigan turkumdir. O'zbek tilida ot morfologik, sintaktik va abbrevatsiya usullari bilan yasaladi[53]. Quyida biz o'zbek, rus va qoraqalpoq tillarida otlarning morfologik usulda yasalishini, o'xshash va farqli tomonlarini ko'rib chiqamiz.

O'zbek tilida morgologik usulga ko'ra, so'z negiziga maxsus ot yasovchi affikslarni qo'shish bilan yangi ot yasaladi. Ot yasovchi affikslar ot, sifat, son, olmosh, fe'l, ravish kabi mustaqil so'z turkumlari, shuningdek, modal va taqlid so'z negizlaridan yasaladi. Morfologik usul bilan ot yasovchi affikslar ma'no jihatdan quyidagi guruhdagi otlarni yasaydi:

1. Shaxs va kasb-hunar otlarini yasovchi affikslar.

2. Narsa, qurol, o'lchov birligi otlarini yasovchi affikslar.

3. O'rin-payt otlarini yasovchi affikslar.

4. Abstrakt ot yasovchi affikslar.

Shaxs va kasb hunar otlarini yasovchi affikslar, asosan, ot negiziga qo'shilib, negizdan anglashilgan predmet bilan bog'liq shaxs otlarini va ma'lum soha, kasb bilan shug'ullanuvchi kasb-hunar otlarini yasaydi[54]. Bu affikslarga: *–chi*: o'qituvchi, *-dosh*: kursdosh, *-gar,-kor*: zargar, *-bon,-boz*: bog'bon, *-paz*: oshpaz, *-kash*: suratkash, *-dor*: chorvador, -

---

[53]Hamroyev M. va boshqalar. Ona tili. – Toshkent, 2007. - B. 94.
[54] O'sha asar. - B. 95.

shunos: tilshunos, *-soz*: soatsoz, *-xon*: kitobxon, *-do'z*: etikdo'z, *-xo'r*: choyxo'r. Shaxs va kasb-hunar yasovchi affikslardan *–chi* affiksi juda ko'p qo'llanadigan affikslardan sanaladi.

Narsa, qurol, o'lchov birligi otlarini yasovchi affikslar, asosan, fe'l negiziga qo'shilib negizdan anglashilgan ish-harakat va holatning natijasi bo'lgan yoki ish-harakatni bajarish uchun qo'llaniladigan narsa, qurol otini yasaydi[55]. Bu affikslarga: *-k, -ak, -q, -oq*: kurak, teshik, so'roq, *-gich*: suzgich, *-gi*: supurgi, *-m*: to'plam, *-ma*: qiyma, *-don*: qalamdon, *-indi*: yuvindi, *-qin*: toshqin, *-in:* yig'in, *-a*: jizza, *-os*: chuvvos, *-moq*: quymoq, *-cha*: olacha, *-chiq*: yopinchiq, *-ildoq*: shaqildoq, *-noma*: taklifnoma kiradi.

O'rin-payt otlarini yasovchi affikslar, asosan, ot negiziga qo'shilib, negizdan anglashilgan predmet mavjud bo'lgan, ekiladigan, dam oladigan, yashaydigan o'rin-joy otlarini yasaydi. Bu affikslarga: *-zor*: olmazor, *-loq*: qumloq, *-iston*; O'zbekiston, *-goh*: oromgoh, *-xona*: chorxona kiradi.

Abstrakt ot yasovchi affikslar ot, sifat, son, olmosh, fe'l, ravish ba'zan modal so'z negizlariga qo'shilib, negiz anglatgan tushuncha, bilan bog'liq abstrakt ma'nodagi ot yasaydi. Bularga: *-liq(-lik)*: go'zallik, *-ch(-inch)*: sevinch, *-chilik*: paxtachilik, *-gilik*: ko'rgilik kabi affikslari kiradi.

Rus tilida morfologik usul bilan yangi so'z yasash imkoniyati kengroq, chunki rus tilida, suffikslardan tashqari, prefikslar bilan yoki prefiks va suffiksning bir vaqtda ishlatilishi bilan ham yangi so'zlar

---

[55] Hamroyev M. va boshqalar. Ona tili. – Toshkent, 2007. - B. 95.

yasaladi. Masalan: *-ник*: колхозник, *-ак*: рыбак, *при-ход, за-пись, вы-крой-ка, под-готов-ка* va hokazo.

Rus tili suffikslarga juda boy. Hatto ayni bir ma'no turlicha suffikslar bilan ifodalanadi. Masalan: *-тель*: писатель, *-щик*: стекольщик, *-чик*: лётчик, *-ник*: колхозник, *-ист*: тракторист, *-ец*: борец, *-ак(-як)*: рыбак suffikslari biror kasb-hunar bilan shug'ullanuvchi shaxs otini yasaydi.

Rus tilida bir suffiks yordami bilan bir-biriga yaqin bo'lmagan ma'nolarni ifodalash imkoni ham bor[56]. Masalan: *-ниц* suffiksi bilan quyidagicha otlar yasaladi: a) biror kasb egasi bo'lgan ayol kishini anglatuvchi ot: колхоз-ниц-а, b) idish nomlarini: -сахар-ниц-а s) jamoatchilik foydalanadigan maxsus binolarning nomlarini: бол-ниц-а, гости-ниц-а, d) kasal nomlarini: -груд-ниц-а kabi.

Rus tilida ayrim suffikslar bilan yangi so'zlar yasalganda so'z sostavida rus tili grammatikasiga xos bo'lgan ba'zi fonetik o'zgarishlar ro'y beradi. Masalan: *друг-дружба, партия-партиец*. O'zbek va qoraqalpoq tillarida bunday hodisalar juda oz uchraydi: *son-sana - san-sana, ulug'-ulg'ay, isi-issiq - issi-issilaw* va hokazo.

Rus tilida suffikslar bilan yangi so'z yasash grammatik rod kategoriyasiga bog'liq bo'ladi. Shuning uchun ayni bir ma'noni ifodalashda ham suffikslar so'zning grammatik rodiga qarab qo'shiladi. Masalan: мужской род: колхоз-ник, учи-тель; женский род: колхоз-ниц-а, учи-тель-ниц-а kabi.

O'zbek va qoraqalpoq tilida rod kategoriyasi yo'q. Agar kasb egasining ayol ekanligini ta'kidlash kerak bo'lsa, sintaktik usul

---

[56] Azizov O. va boshqalar. O'zbek va rus tillarining qiyosiy grammatikasi Toshkent,1965. – B. 40.

qo'llanadi, ya'ni shaxs bildiruvchi so'zga qiz, xotin, ayol so'zlaridan biri qo'shilib aytiladi va shunday yoziladi. Masalan: traktorchi qiz – трактористка – traktorshı qiz, kolxozchi xotin – колхозница – kolxozshı hayal.

Rus tilida shaxsning tug'ilgan joyga, turar joyga bo'lgan munosabati *-ец, -анец, -янец, -як, -ин, -ич, -анин, -янин, -чанин* kabi suffikslari orqali ifodalanadi[57]. Masalan: Испания- испанец, Грузия- грузин, север- северянин va hokazo. O'zbek tilida esa bu affislarning o'rniga *–lik*, qoraqalpoq tilida esa *–lıq* affiksi qo'llaniladi. Masalan: Amerika- Amerikalik – Amerikaliq, Ispaniya – Ispaniyalik – Ispaniyaliq.

Qoraqalpoq tilida ham boshqa turkiy tillarga o'xshab, yangi so'z yasashning eng asosiy usullaridan biri morfologik usul bo'lib hisoblanadi. Qoraqalpoq tilida ot yasovchi affikslar ma'no jihatdan 3xil turga bo'linadi:

1. Shaxs va kasb-hunar otlarini yasovchi affikslar.

2. Narsa, qurol, o'lchov birligi otlarini yasovchi affikslar.

3. O'rin-payt otlarini yasovchi affikslar[58].

Shaxs va kasb-hunar otlarini yasovchi affikslar *–shı, -shi* affikslari bo'lib, ular ot negiziga qo'shilib, predmet yoki biror ish bilan shug'ullanuvchi shaxsni bildiradi: balıqshı, suwshı, etikshi va hokazo.

Ot negiziga qo'shilib, predmetga, ishga yoki jamiyat tashkilotlariga tegishli, shunda ishlaydigan odamni bildiradi: Leninshi, kolxozshı, bozshı va hokazo.

---

[57] Azizov O. va boshqalar. O'zbek va rus tillarining qiyosiy grammatikasi Toshkent,1965. – B. 41.
[58] Nasirov D. va boshqalar. Ha'zirgi qaraqalpaq tili No'kis.1981. – B. 60.

Ot negiziga qo'shilib, biror bir xarakterga ega bo'lgan shaxsni anglatadi: o'tirikshi, urlıqshı va hokazo.

Ish-harakat ma'nosini bildiradigan yoki mazmun tarafidan ish-harakat bilan bog'liq bo'lgan so'zlarga qo'shilib, ish-harakatni bajaruvchi yoki shu vazifani qiluvchi odamga nisbatan qo'llaniladi: oqıtıwshı, boyawshı, terimshi va hokazo.

-ker,-ger, -kesh affikslari ma'no jihatidan *–shı, -shi* affiksi anglatgan ma'nolarga juda yaqin. Bu affikslar bilan yasalgan otlar ham belgili bir kasbni bajaruvchi shaxsga nisbatan qo'llaniladi: zerger, pidaker, xizmetker va hokazo.

-man,-ban affiksi ot negizi anglatayotgan predmetni saqlovchi yoki shu obyektga qarovchi shaxsni anglatadi: bag'man, da'rwazaman va hokazo.

-paz affiksi ot negizi anglatayotgan predmet bilan ko'p shug'ullanuvchi yoki shu predmetni yaratuvchi shaxsni anglatadi: aspaz, oyınpaz va hokazo.

-das, -des, -las, -les affikslarining anglatadigan ma'nolari bir xil. Ya'ni bularning hammasida ham sheriklik ma'nolarini anglatadi: joldas, kewilles va hokazo.

-purısh affiksi ot negizi orqali anglashiladigan predmetni sotish bilan shug'ullanuvchi shaxsni bildiradi: shaypurısh, otınpurısh va hokazo.

-lıq, -lik, -laq affikslari ham bir qator ot so'zlarga qo'shilib, shu predmetning shu joyda ko'p ekanligini bildiradi: tawlıq, tog'aylıq va hokazo.

Xulosa qilib aytganda, o'zbek, rus va qoraqalpoq tillaridagi ot yasash usullaridan eng mahsuldori – morfologik usuldir. Otlarning morfologik usulda yasalishi har 3 tilda ham bir-biridan farq qiladi. O'zbek tilida morfologik usul bilan ot yasovchi affikslar ma'no jihatdan 4 xil turga, qoraqalpoq tilida 3 xil turga bo'linib, ot yasalsa rus tilida affikslardan tashqari suffikslar va prefislar ham ot yasaydi. Xattoki, rus tlida suffiklar va prefikslar qo'shilib so'z yasash imkoniyatiga ham ega. Rus tili suffikslarga juda boy til. Hatto ayni bir suffiks turli xil ma'nolarda kelishi mumkin. O'zbek va qoraqalpoq tilida rod kategoriyasi yo'q. Rus tilida esa suffikslar bilan yangi so'z yasash rod kategoriyasiga bog'liq. O'zbek tilida *-lik*, qoraqalpoq tilida *-lıq* affikslari shaxsning tug'ilgan joyga, turar-joyga bo'lgan munosabatini bildirsa, rus tilida bir nechta *-ец, -анец, -янец, -як, -ин, -ич, -анин, -янин, -чанин* suffikslari bildiriladi. Qoraqalpoq va rus tillarida ot yasovchi affikslarning ma'nolari to'liq qilib ko'rsatilgan. O'zbek tilida esa faqat misollar yordamida anglashilgan. Bu albatta o'z o'rninda ba'zi noqulayliklarni, o'z esa navbatida tilni qiyoslab o'rganishda nafaqat boshqa millat vakillari, balki, o'zimiz uchun ham ma'lum qiyinchiliklarni keltirib chiqarishi mumkin.

O‘ZBEK, RUS VA QORAQALPOQ TILLARIDA OTLARNING SINTAKTIK USULDA YASALISHI

Hozirgi o‘zbek tilida ot so‘z turkumi lug‘at tarkibida mavjud bo‘lgan so‘zlarning miqdorini tashkil etadi. Chunki ot so‘z turkumi boshqa so‘z turkumlariga nisbatan yangi so‘zlar hisobiga tez boyib boradigan turkumdir. O‘zbek tilida ot morfologik, sintaktik va abbrevatsiya usullari bilan yasaladi.Rus tilida ot morfologik va sintaktik usullari bilan yasaladi. Qoraqalpoq tilida esa ot morfologik va sintaksislik usullari orqali so‘z yasaladi. Quyida biz har bir tilda otning sintaktik usulida yasalishini ko‘rib chiqamiz.

O‘zbek tilida sintaktik usul bilan so‘z yasashda ikki va undan ortiq so‘z shakllari biron qolipda birikib, bir predmetni anglatadigan yangi ot yasaydi. Sintaktik usulda qo‘shma va juft otlar yasaladi. Qo‘shma ot – ikki va undan ortiq so‘zning birikishidan hosil bo‘lib, bir predmetni anglatadigan yangi ot. Qo‘shma ot tarkibidagi so‘zlar dastlab ma’no va grammatik jihatdan tobelanish yo‘li bilan tuzilgan so‘z birikmasi bo‘lib, keyinchalik shu sintaktik munosabatning yo‘qolishi natijasida bir tushunchani, yangi bir predmetni ifoda etadi[59]. Masalan: *ko‘zoynak, o‘rinbosar, belbog‘, gulojixo‘roz* kabi.

O‘zbek tilida rus, tojik tillaridan o‘zlashgan *paravoz, aeoport, aeroplan, dushanba, chorshanba* kabi otlar kelib chiqishiga ko‘ra qo‘shma ot bo‘lsada, o‘zbek tilida sodda ot sifatida qaraladi. Juft ot bir xil grammatik shaklda kelgan ikki so‘zning grammatik jihatdan teng bog‘lanishidan tuzilgan jamlovchi, bir umumiy ma’noni anglatadigan yangi ot sanaladi. Bunday juft otlarning qismlari 2 xil bo’ladi: 1-

---

[59] Hamroyev M. va boshqalar. Ona tili. – Toshkent, 2007. - B. 97.

bog'lovchilarsiz: ota-ona, gul-lola. 2-bog'lovchi vazifasidagi –u –yu yuklamalari yordamida: ota-yu ona,gul-u lola, tog'-u tosh kabi. Juft otlar 3 xil usul orqali yasaladi. 1. Juft otning har ikkala qismi mustaqil ma'noli so'zlarda tuziladi: yor-birodar, to'y-tamosha kabi. 2. Juft otning bir qismigina mustaqil ma'noga ega bo'ladi: *kiyim-kechak, bozor-o'char* kabi. 3. Juft otning har ikkala qismi mustaqil ma'noga ega bo'lmagan holda: *g'ala-g'ovur, dali-g'ali* kabi. Juft otlar takror holda kelishi mumkin lekin bunday ot yasama ot sanalmaydi: *choy-poy, ish-pish* kabi. Bunday otlar modal ma'no ifodalaydi[60].

Rus tilida qo'shma so'z odatda ikkita negizni -o- yoki –e- harflaridan biri vsoitasida bir-biriga qo'shib hosil qilinadi[61]: *лес-о-вод, вод-о-провод, хлопк-о-вод, край-е-вед, земл-е-мер, пул-е-мёт* kabi.

Qoraqalpoq tilida qaysidir so'z turkumining bir so'z ma'nosiga o'tishi **leksika-sintaksislik usuli** yoki **leksikalizatsiya** deb yuritiladi. Hozirgi qoraqalpoq tilida bu usul juda unumli usul hisoblanadi. Bu usulda yasalgan so'zlar tilni boyitishda katta ahamiyatga ega. Bu usul bilan yasalgan so'zlar dastlab xalqning yashash sharoitiga moslashadi, hech qanday o'zgarishsiz ma'no anglatadi, vaqtning o'tishi bilan bu so'zlar qo'llanishiga qarab bir ma'noni anglatadi, tilning rivojlanishi bilan bu so'zlar o'zi qo'llanadigan so'zlar bilan bir butun ma'noni anglatib keladi. Bu sul bilan yasalgan so'zlar oldingi ma'nolarini yo'qotadi, fonetik va grammatik o'zgarishlarga uchraydi va so'z formasidan ham ayrilishi mumkin: *qasharman, tu'yebasti* kabi. Tildagi ba'zi so'zlar dastlab so'z turkumlari tarkibida kelib, hech qanday

[60] Hamroyev M. va boshqalar. Ona tili. – Toshkent, 2007. - B. 97.
[61] Azizov O. va boshqalar. O'zbek va rus tillarining qiyosiy grammatikasi Toshkent,1965. – B. 42.

o'zgarishsiz belgili bir ma'no anglatadi, ya'ni bir tushunchani bildiradi. Vaqtning o'tishi bilan bu so'zlar butun bir so'z holiga kelib, bir ma'noni anglatadi[62]: *ta'n'ir bergen – Ta'n'irbergen, ul bolsin – Ulbosin, qiz ketken – Qizketken* kabi.

Leksika-sintaksislik usuli bilan yasalgan so'zlarni qoraqalpoq tilining toponimika, onomastika bo'limlarida ham uchratish mumkin. Masalan: *Abatjarmis, Qattiag'ar, Qizketken, Qiyatjarg'an, Barsakelmes, Qoyqirilg'anqala, Eshekketken, Taylaqjegen, Tu'rkemqirilg'an, Aybergen, Aybosin, Aytuwg'an, Aytuwg'an, Ulbolg'an, Ultuwg'an, Allabergen, Amangeldi Ayapbergen* kabi so'zlar ko'p uchrashadi. Otlarning sintaksislik usuli orqali qospa, sostavli, jup va qisqartirilg'an otlar yasaladi.

Ikki va undan ortqi so'zlarning ma'no va grammatik jihatdan o'z aro bir biriga qo'shilishi natijasida yasalgan otlar qo'shma otlar deyiladi. Qo'shma ot tarkibidagi otlar ko'pincha oldindagisi keyingisini tushuntirib keladi: *suwjilan, tu'yemoyin* kabi.

Sostavli otlar eng kamida 3 va undan ortiq so'z bilan yasalib, ular muassasa, tashkilot, mamlakat nomlarini bildirib keladi: *Qaraqalpaq Avtonomiyali Sovet Sotsialistik respublikasi, O'zbkistan Ilimler Akademiyasinin' Qaraqalpaqstan filiali* kabi.

Otlarni yasashda bir xil grammatik formada kelgan 2 so'zni o'zaro teng bir nizom ostida birlashtirish usuli bilan paydo bo'lgan ot – juft ot deb yuritiladi: *ata-ana, nan-pan, shay-suw* kabi. Juft otlar ma'no jihatdan umumlashtiruvchi, jamlovchi kabi ma'nolarni bildirib keladi. Juft otlar orasidagi komponentlar orasidagi tenglikni – (defis) belgisi

---

[62] Patullaeva G. Qaraqalpaq tilinde so'z jasaliw. Toshkent,2020. –B.61

orqali anglashiladi. Juft otlar odatda, bir soʻz turkumiga oid bir grammatik formadagi soʻzlar hisoblanadi.

Qoʻshma soʻzlarning qisqarishidan ham yangi soʻz paydo boʻladi. Bunday soʻzlarni **abbreviatsiya** deb ataydi. Qoʻshma soʻzlarning qisqarishi faqat ot soʻz turkumiga xos. Qisqarga soʻzlar - qoʻshma soʻzni qisqartib, ularni biriktirish yoʻli orqali yasaladi. Qisqargan soʻzlarni yasashda sostavli atliqlar – tarkibli otlar asosiy manba boʻlib hisoblanadi[63]: *Birlesken Milletler Shoʻlkemi – BMSh, Qaraqalpaqstan Avtonomiyali Sovet Sotsialistik respublikasi – QQASSR* kabi.

Xulosa qilib aytganda, oʻzbek tilida otlar asosan 3 xil: morfologik, sintaktik va abbrevatsiya usulida yasaladi. Rus tilida esa faqat 2 xil: morfologik va sintaktik usulda yasaladi: Qoraqalpoq tilida 2 xil: morfologik va sintaksislik usul bilan otlar yasaladi. Qoraqalpoq tilida sintaksislik usul bilan ot yasashni oʻzi 4 guruhga boʻlingan. Bular: *qospa atliqlar, sostavli atliqlar, jup atliqlar va qisqargʻan atliqlar*. Aslida oʻzbek tilidagi abbrevatsiya usuli qoraqalpoq tilidagi qisqargʻan otlarga toʻgʻri keladi. Faqat oʻzbek tilida ot yasashning alohida usuli sifatida, qoraqalpoq tilida esa sintaksislik usulining ichiga kiritilgan. Har 3 tilda otlarni sintaktik usulda yasash bir-biridan uncha farq qilmaydi. Bu esa oʻz navbatida, tillarni qiyoslab oʻrganishda qiyinchilik tugʻdirmaydi.

---

[63] Nasirov D. va boshqalar. Haʼzirgi qaraqalpaq tili Noʻkis.1981. – B. 73.

FOYDALANILGAN ADABIYOTLAR:

1.Anorbekova A, Mirzayeva Sh Hozirgi o'zbek adabiy tili Toshkent. 2011.

2. Azizov O va boshqalar O'zbek va rus tillarining qiyosiy grammatikasi Toshkent.1965.

4. Azizov O. Safaev A. Jamolxonov. O'zbek va rus tillarining qiyosiy grammatikasi. Toshkent.1986.

5. Bekbergenov A. Rus ha'm qaraqalpaq tillerinin' salıstırmalı grammatikası. No'kis. 1995.

6. Berdimuratova. Y va boshqalar "Qaraqalpaq tili 5-klass ushin sabaqliq" Toshkent 2015.

7. Da'wletov A va boshqalar Ha'zirgi qaraqalpaq a'debiy tili. No'kis. 2010.

8. Hamroyev M va boshqalar. Ona tili. – Toshkent. 2007.

9. Nasirov D. va boshqalar. Ha'zirgi qaraqalpaq tili No'kis. 1981.

10. Patullaeva G. Qaraqalpaq tilinde so'z jasaliw. Toshkent. 2020.

11. Rahmatullaev Sh. O'zbek va rus tillarini qiyoslash. Toshkent, 1993.

MUNDARIJA

| 16 | O'zbek, rus va qoraqalpoq tillarida otlarning sintaktik usulda yasalishi. | 67 |

Printed by Books on Demand GmbH, Norderstedt / Germany